하나님은
지금도
고치고
계신다

하나님은 지금도 고치고 계신다

초판 1쇄 인쇄 2025년 10월 24일
초판 1쇄 발행 2025년 11월 13일

지은이 박효진
펴낸이 황성연
펴낸곳 하늘기획
출판등록 제306-2008-17호
주소 경기도 파주시 광탄면 혜음로883번길 39-32

전화 031- 947-7777
팩스 0505-365-0691
편집 및 디자인 청우(박상진)
서체 영월, 마포 꽃섬, 마포 다카포
마케팅 이숙희, 최기원
제작 관리 이은성, 한승복
Copyright ⓒ 2025, 하늘기획

ISBN 979-11-92082-31-8 03230

하나님은 지금도 고치고 계신다

박효진 지음

하늘
기획

뒤돌아보면
무너진 그 자리에는 늘
하나님의 손길이 있었다.

하나님은 포기하지 않으신다.

나는 고장 난 인생들을 만났다.
무너진 가정, 뒤틀린 마음,
눌린 영혼과 포기한 삶들.

그러나 그 누구도,
하나님의 손에 닿지 않은 인생은 없었다.

기도는 다시 걷게 했고
회개는 다시 살게 했다.

나는 알고 있다.
그리고 믿는다.

하나님은 지금도 고치고 계신다

는 사실을...

차례

2장

30년 동안 간증 집회를 다니며
깨달은 영적 세계의 비밀

3장

귀신에게 시달리는 사람들에게
꼭 해 주고 싶은 이야기

4장 좀 더 일찍 알았더라면 더 좋았을
우리 교회, 내 신앙생활

5장   죽음, 새로운 출발점에 서 있는 그대에게

프롤로그

"효진아, 나와서 얘기 좀 해 보거라."

4대가 같이 살던 우리집에서는 저녁 식사 후 온 식구가 증조할아버지 방에 모였다. 재미있는 이야기는 늘 내 몫이었다.

유치원 시절부터 중학교 때까지 이 일은 빼놓을 수 없는 가족 행사처럼 되었고 나는 늘 이야기의 소재를 찾는 사람이었다.

선생님에게 꾸중을 듣고 매 맞는 아이들의 표정과 눈물까지, 소변을 참다가 옷에 지린 짝꿍의 모습까지 내게는 훌륭한 이야깃거리였다.

서부영화를 보고 온 날이면 완전한 원맨쇼가 벌어졌다. 주인공은 물론 엑스트라의 대사까지 거의 암기하고 권총을 뽑아 총을 쏘아대는 카우보이의 동작까지 신명 나게 연기하는 나는 단연 집안의 인기 스타였다. 이야기꾼. 훈련은 그렇게 시작되었고 이것은 훗날을 위한 진행이었음을 나중에야 깨닫는다.

서른여덟, 적잖은 나이에 하나님을 만나게 되고 온통 캄캄하고 절망적인 교도소 안에서 보고 듣고 체험한 것을 또 이야기하도록 하신 주님의 은혜에 붙잡혀 30년이 넘도록 지치지 않고 달려왔다.

'하나님이 고치지 못할 사람은 없다'
'하나님은 아무도 포기하지 않는다'

두 권의 책에 그 이야기들을 담아내었으나 더 하고 싶은 말이 있어 세 번째 책의 첫 장을 기대와 설레임과 두려움으로 열어드린다.
때로는 거칠고 목에 걸리는 이야기일지라도 그 안에 담긴 하나님의 은혜와 진리를 붙들고 끝까지 함께 읽어주시기를 소망한다.

이 이야기가 당신을 다시 기도와 섬김의 자리로 이끌 수 있기를…

- 하늘나라의 이야기꾼 -

게을리 하지 말아야 할
영적전투

1장

1. 명령이야! 기도하지 마!

"어이! 박 주임."

"네, 소장님."

"자네, 날 위해서 기도하고 있지?"

"네? 네… 새벽마다 소장님을 위해서 기도하고 있습니다만…,"

"오늘부터 절대 기도하지 마!! 명령이야. 밤새 잠도 못 자고 정신 사나워서 도저히 살 수가 없단 말이야! 기도하지 마!"

출근길에 복도를 앞서 걸어가던 소장이 고개를 홱 돌리며 따발총처럼 고함쳤다.

그는 기독교인들을 유난히 미워하며 교회에 다니는 사람들에게 노골적인 조롱과 비판을 일삼곤 했다. 얼마 전까지만 해도 나는 좋은 관계로 그의 총애를 한 몸에 받았었다. 나는 공적인 업무는 물론, 술자리, 즐기며 노는 자리에 이르기까지 성심껏 그를 보필하고 비위를 맞추는데 최선을 다했다.

그런데, 어느 날 갑자기 내가 예수님을 영접하고 180도로 변하니, 소장은 너무나 당황했다. 술 한 잔 마저도 한사코 거부하는 나를 미워하고 구박하는 것은 당연한 일이었다.

불행히도, 그와 나는 늘 가까이에 있을 수밖에 없었다. 나의 직책은 서무주임으로, 출근부터 퇴근까지 소장을 보필하는 비서실장과 같은 업무를 수행했다. 저녁 식사 자리에도 으레 함께하며 폭탄주 한두 잔 정도는 너끈하게 곁들이던 때다. 얼마 전까지만 해도 폭탄주를 만들어 부어라 마셔라 하며 흥을 돋우었던 나였다.

그러나, 나는 성령님을 강력하게 체험한 후 술잔에 손도 대지 못 하는 사람으로 바뀌어 버렸다. 분명히 어제까지는 그렇게 잘 먹고 잘 놀던 사람이 갑자기 술잔도 받지 않고 같이 노는 자리마저 피하니, 소장으로서는 기가 막혀 화가 치솟는 것이 당연하다. 하얀 집의 왕(당시 교도소 담장이 흰색이라 소장을 칭하는 말)인 소장의 권위와 명령에 따르지 않는 나는, 영락없이 '싸가지 없는' 부하직원이었다.

"그깟 기독교가 뭐길래 저리 유난을 떨어? 꼴 보기 싫게!" 소장의 말이다. 날이 갈수록 소장은 나를 더 미워하고 못마땅히 여겼다. 회

식 자리에서 기분이 언짢아지기라도 하면 손에 들고 있던 술잔을 가차 없이 내 얼굴에 '휙' 던졌다. 술잔이 눈언저리에 맞기라도 하는 날에는 피가 온 얼굴을 적셨고, 때로는 사람들이 모두 앉아 있는 자리에서 씩씩거리며 밥상을 둘러엎기도 했다.

'갑질'이라는 단어조차 없었던 그 시절, 이런 일은 일상이라 조직 문화로 수긍하며 살았다. 놀라운 사실은, 이런 모욕과 수모를 당하면서도 화가 나기보다는 오히려 소장이 불쌍하고 측은하게 여겨졌다는 것이다. 내 속에서 주님께 감사하다는 기도가 흘러나오기까지 하여 나 스스로도 놀라지 않을 수 없었다.

'하나님, 참으로 대단하십니다. 저를 어떻게 이런 사람으로 만들어 놓으셨습니까?'라는 생각에 눈물이 나기도 했다. 나는 원래 참을성 많은 사람이 아니다. 성격도 급하고 인생을 '깡'으로 살아왔다. 그런데, 이런 괴팍한 나를 하나님은 한순간 변화시키셨다. 오히려 이런 기도를 드리고 있었다. "하나님, 참 감사합니다. 저분이 아직 하나님을 모릅니다. 참 안타깝습니다." 이 놀라운 변화는 내 뜻에 의한 것이 아니었다. 돌이켜 보니, 오직 한 영혼을 위한 하나님의 원대하신 드라마의 시작이었다!

우리는 매일 전쟁 속에서 살았다. 소장과 말단 주임이라는 까마득한 계급의 차이를 극복하지 않으면 안 되는 영적 전쟁이 시작되었고, 현실 속에서 닥치는 일들은 감당하기가 힘든 어려움의 나날이었다.

"살아야 되겠다! 이러다 내가 영적으로 죽겠다."

결국, 죽기 살기로 하나님 앞에 엎드렸다. 내게 있는 유일한 빽은 하나님뿐이었다. 기도하고 또 기도하며 무릎 꿇는 방법 외에는 길이 없었다.

하루에도 수십 번 결재판을 들고 소장의 얼굴을 마주하는 것은 엄청난 고역이었다. 공직사회에서 상관이 아랫사람 군기를 잡는 가장 좋은 기회는 결재하는 때다. 합법적으로 부하직원을 꾸중하고 몰아붙일 수 있기에 아랫사람들은 늘상 초긴장 상태일 수밖에 없다.

"그래, 범사에 감사하며 좀 더 피 터지게 기도하자!"

밤낮을 가리지 않고 기도로 매달리던 어느 날, 하나님이 내 심령에 새로운 은혜를 부어주기 시작하셨다. 매일 난타당하며 밀리면서 졸이던 마음에, 제법 버텨 볼 수 있다는 용기가 새롭게 생겼다. 뭔가 모를 든든한 마음이 생기기 시작했고 가슴이 펴지는 담대한 힘이 느껴졌다.

"자네 바보야?"

"왜 이따위로밖에 못 하는 거야?"

"이거 뭐야? 이게 맞아?"

온갖 꾸중에 결재판을 집어던지기도 하는 소장이었기에 그때로부터 나는 매번 결재서류 위에 양손을 얹고 간절히 기도를 드렸다.

"하나님, 오늘 처리해야 할 결재서류가 여기 있습니다. 하나님께서 무조건 함께 하시옵소서! 우리 소장님의 눈을 가려주시고, 무사 통과 되도록 큰 능력을 베풀어 주시옵소서."

"하나님 제가 지금 소장실 문을 세 번 노크하겠습니다. 한 번 두드릴 때마다, 성령께서 천군천사를 대동하셔서 소장의 마음을 강력하게 제압하시고 그 배후에 역사하는 악한 영들을 다 통제하여 평안의 은혜를 베풀어 주시옵소서!"

눈을 질끈 감고 결재서류에 안수기도하는 내 모습을 보는 직원들은, '진짜 우리 박 주임이 또라이 광신자가 된 거 아니야?' 이런 눈빛을 서로 주고받았다.

제트기가 빨리 날아가는 이유는 꽁무니에 불이 붙었기 때문이라고 하는 우스갯소리처럼 내가 꼭 그 모양이었다. 상황이 급해지고 어려움과 고난이 정신없이 휘몰아치니 기도를 쉴 수 없었다. 소장실 앞에 서서 큰 숨을 한 번 몰아쉬고 노크를 한다.

천천히, 아주 천천히 세 번.

"똑!"

"똑!"

"똑!"

문을 열고 들어선다. 너무나 환한 웃음으로 나를 반기며 미소짓는 그가 보인다. 나는 현기증이 날 정도로 놀란다. 평양 기생도 그렇게 예쁘게 웃음 짓지 못할 것이다.

"왔~어?"

"아, 박 주임 왔~어?"

책상 위에 결재판을 내민다.

그는 읽는 둥 마는 둥 건성으로 훑어본다.

그러곤 연신 "응~잘했구먼! 그래~이렇게 해야지."

싸인을 받고 경례와 함께 돌아서서 몇 걸음 걸어 문을 열고 나가려는 찰나, 뒤에서 나지막한 소리가 들려 온다.

"개~새~끼.."

구렁이가 내 온몸을 휘감는 듯, 등허리가 싸한 전율로...,

매일 새벽 기도 시간이면 내 기도는 더 구체적으로 뜨거워졌다. "하나님, 우리 소장님 아시죠? 관사 9동 305호, 현관문 들어가자마자 오른쪽 방에서 지금 자고 있습니다. 하나님께서 그 심령을 지배하시고 친히 안수하여 주셔서 그의 마음과 인격을 통제해 주시고 기어이 구원받은 하나님 백성 되게 해주시옵소서!"

기도를 들으시는 하나님이, 소장이 잠든 내내 흔들어대고 있었을 터니…, 그 영혼이 얼마나 힘들었을까?

"소장님, 출근하십니다!"

소장이 관사에서 승용차로 출발하면 초소 근무자가 인터폰으로 보고한다. 그의 출근을 영접하기 위해 몇몇 간부들이 후다닥 청사 앞으로 나가 도열한다. 요즘은 이런 일들이 없어졌지만, 당시에는 일반적 관행이었다. 승용차가 정문을 통과해 내 앞에 딱 멈추면 차 문을 연 후, 가방을 받아들고 수행하는 것이 나의 업무 시작이다.

어느 날 아침, 평상시와 다름없이 승용차가 로터리를 돌아와 내 앞에 섰다. 늘 하던 대로 차 문을 열려고 다가갔는데 아무리 봐도 뒷자리에 타고 있어야 할 소장이 보이지 않는다.

'뭐지? 방금 출발했다는 보고를 받았는데..'

'소장이 어디 갔지?'

자세히 보니 이게 웬일인가? 차 뒷좌석에 내 팔뚝만 한 크기의 갓난아기보다 더 작은 모습을 한 소장이 아담한 모습으로 앉아 있는 것이 아닌가?

'아니, 이거 뭐 잘못 봤나? 착시현상인가?'

내 눈을 믿을 수가 없었다. 정신을 가다듬고 일단 차 문을 열었다. 내 팔뚝만 한 크기의 조그만 소장이, 요정같이 작은 모습으로 승용차에서 폴짝 뛰어내려 내 앞에서 앙증맞게 걸어가고 있다. 걸리버 여행기에 등장하는 소인 족을 보는 기분이다.

'뭐지? 왜 이러지?'

가운뎃손가락으로 그를 톡 하고 튕기면 저 멀리 휙 날아가 버릴 것 같다는 생각마저 들었다. 그 순간, 소장이 몸을 휙 돌려 나를 노려보며, 갑자기 "자네, 나를 위해 요즘도 기도하고 있지? 명령이니까 절대 기도하지 마!"라고 고함친다.

"새벽마다 꿈자리 사나워 견딜 수 없단 말이야! 자네가 기도하는 줄 내가 다 알고 있어! 다시 한번 말하는데 명령이야! 절대로 기도하지 마!"

나는 웃음을 참느라 고개를 숙이고 대답을 하는 둥 마는 둥 웅얼거렸다. 인형같이 작아 보이는 소장의 호통은 영락없는 코미디다. 부르르 화를 내며 소장실로 들어가던 그가 한 마디 덧붙인다.

"오늘부터 나 출퇴근할 때 현관에 나오지 마!!! 부담스러워!!!"

그날로부터, 나는 아침저녁으로 소장을 수행하는 불편한 업무에서부터 해방되었다.

얼마 후, 소장이 다른 교도소로 인사이동되었다. 떠나기 전에 따로 나를 불러 진지하게 자기 생각을 조언이랍시고 한다.

"박 주임! 인생, 그렇게 사는 거 아니야! 공직자로서 우리 조직에서 살아남으려면 그렇게 해서는 안 돼! 자네처럼 믿는 것은 광신이고, 맹신이야! 그런 식으로 종교 생활을 하면 출세는 생각하지도 마! 내 말, 명심해!! 알겠어?"

예의상 그냥 수긍하는 척하고 대화를 끝내려던 내 마음속에 "이건 아니다. 이렇게 끝낼 수는 없다."라는 생각이 든다.

"소장님, 아닙니다! 그건 소장님 생각이시고, 언젠가 하나님을 아시게 된다면 오늘 하신 말씀이 틀렸다는 것을 아실 때가 있을지도 모르겠습니다! 그런 날이 왔으면 참 좋겠습니다! 그동안 감사했습니다!"

우리의 스토리는 일단 여기까지였다. 그리고 적잖은 세월이 지났다. 내가 서울 구치소 경비 교도대 대대장으로 근무하고 있을 때, 바로 그 소장이 배임, 횡령 건으로 구속되어 구치소에 수감되었다. 본인이 직접 잘못한 것은 아니지만, 퇴직 후 그가 소속되었던 재단에서 발생한 비리 문제에 대한 관리 책임을 지고 구치소로 들어온 것이었다.

'찾아가서 인사해야 할까? 그냥 모른 척할까?'

한 달 가까이 고민하다가 결국 그를 찾아갔다. 그는 독방 안으로 들어오는 나를 보자마자 소스라치게 놀라면서 자리에서 벌떡 일어났다.

"이렇게 소장님을 뵙습니다!"

큰 절로 인사하는 내 앞에서 그는 어쩔 줄 몰라 엉거주춤한 자세로 맞절을 했다. 이런 모습으로 만나게 된 것이 참 부끄럽게 됐다고,

미안하다며 내게 사과하는데, 자신에게인지 나에게인지 알 수 없는 어떤 자괴감이 엿보였다.

"아닙니다! 소장님이 죄지으신 것이 아닌 거 아니까 부끄러우실 거 없습니다! 조직과 법이라는 것이 다 그렇지 않습니까?" 위로와 함께 이런저런 이야기를 나누다 이야기가 끝날 즈음, 조심스럽게 내가 말을 꺼냈다. "소장님, 혹시 원하신다면 제가 성경 한 권을 좀 드리고 싶은데 괜찮겠습니까?"

그는 의외로 활짝 웃으면서

"네, 주세요. 읽어보지요. 고마워요!"

몇 달 동안 그는 내가 넣어 준 성경을 참 열심히 읽었다. 그 후로도 두세 번 다시 만나 대화를 나눌 때마다 그는 신앙에 대한 자신의 진솔한 고민을 털어놓으며 본인도 하나님의 사랑을 받을 수 있겠냐는 질문을 하곤 했다. 지난날 헤어지면서 내게 충고하던 때와는 사뭇 다른 그의 분위기에 나는 흥분된 기분으로 내심 '이분은 그날 내게 했던 그 말을 기억이나 하고 있을까?'라는 생각이 들었다.

얼마 지나지 않아 그는 재판을 받고 집행유예로 출소하게 되었다. 지붕이 뚫어질 정도로 소나기가 쏟아지는 그 밤에 구치소 정문을 나서는 그와 마지막 악수를 하면서 나는 마음 깊이 기도했다.

'하나님, 우리 소장님의 일생을 아시지요? 파란만장한 삶이었다

하더라도 지금부터 시작하여 기어이 하나님을 아는 자리에 들 수 있도록 해 주시옵소서.'

지병으로 세상을 떠났다는 그분의 소식은 쏟아지는 빗줄기를 뚫고 출소한 지 몇 달 후에 우리에게 전해졌다.

가끔 그분이 생각난다. 그날, 독방에서 함께 마주 앉아 성경 책을 달라며 활짝 웃고 있던 모습, 내가 아는 그는 절대 그럴 분이 아니었는데, "성경을 읽겠다."고 하던 그 표정과 말투가 잊히지 않는다.

외로운 독방에서 성경을 읽으며 어쩌면 그분이 구원의 은혜에 눈 뜰 수 있었을지도 모른다는 생각으로 마음 한구석에 소망의 불이 켜진다. 숨을 거두기 직전에라도 지난날의 무지함을 회개하고, 하나님께 두 손 들고 구원받은 백성이 될 수 있었다면 좋겠다. 나와의 갈등과 만남을 통해 겨자씨만 한 계기가 되어 한 알의 해바라기 씨앗처럼 쓰임 받았을 거라는 마음에 가슴 한켠이 젖는다.

오늘도 삶의 현장에서 갖가지 인간관계와 조직의 일원으로서 겪어야 하는 다양한 문제 앞에서 언제나 하나님의 손길을 구하며 엎드리는 기도자에게 기어이 승리의 열매는 맺히고야 만다.

"무릇 하나님께로부터 난 자마다 세상을 이기느니라 세상을 이긴 이김은 이것이니 우리의 믿음이니라." _요일 5:4

2. 천사들의 방문

_ 천사 이야기 하나, 천사 병원 입원

한 여름날이다. 아내로부터 다급한 전화가 걸려 왔다. 초등학교 1학년 딸아이가 과속으로 달려온 봉고차에 부딪혀 큰 사고가 났다는 것이다. 하교 후 귀가하던 중, 횡단보도를 건너다 난 사고였다. 부랴부랴 병원으로 달려가 보니 의외로 딸아이는 아주 멀쩡한 얼굴로 날 쳐다보고 있었다.

"이게 도대체 무슨 일이야?"
"소영아! 너 괜찮은 거야?"

아내에게 자초지종을 들어보니, 한쪽 손에 급식 빵을 들고 먹으며 집으로 오는 버스를 타러 길을 건너는 중, 미처 딸을 발견하지 못한 운전자가 받아버린 것이다.

"쾅!" 소리와 함께 조그만 여자아이가 공중으로 휘잉 날아 건너편에 좌판을 놓고 장사하는 아주머니들 뒤편 땅바닥에 "쿵!" 하고 굴러떨어졌다. 아이가 살아 있으리라고 생각한 사람은 아무도 없었다고 한다. 봉고차의 앞부분이 형편없이 찌그러진 것만 보아도 이것은 100% 대형 사고였다.

그런데, 모두들 죽었다고 생각한 아이가 그 자리에서 벌떡 일어나무슨 일이 있었냐는 듯 주위를 두리번거리다가 손에 들고 있던 빵을 그대로 우걱우걱 먹으며 버스를 향해 걸어가더라는 것이다.

반팔을 입은 딸은 도로 건너편으로 날아가 땅바닥에 뒹굴뒹굴 굴러떨어졌지만, 묶은 머리띠가 풀어지지도 않고, 등에 멘 가방도 쏟아지지 않았다. 아이 팔뚝이나 발에 긁힌 상처 하나 없는 모습에 주변의 사람들 모두가 놀라 입을 다물지 못했다고 한다. CT촬영을 했지만, 멀쩡했다. 지금까지 후유증 하나 없이, 딸은 두 아이의 엄마로 잘 살아가고 있다.

그날, 병원에서 진료받는 딸을 보면서, 나는 명백하게 하나님께서 보내신 천사가 아이를 눈동자처럼 지켜 보호한 것이라 믿었다. 그래서 가슴 떨리는 감사로 "아멘" 하며 영광을 돌렸다.

소영이가 차에 부딪히기 직전, 천사가 마치 고성능 에어백처럼 아이를 완벽하게 감싸 안은 채 "꽝" 하고 충돌하여, 공중을 휙 날아 땅에 처박혀 데굴데굴 구르는 순간에도 모태 속 태아처럼 평안하게 보호받는 그림이 내 눈에 그려졌다.

지금도, 내 마음으로 느껴지는 사고 당시의 모든 상황이 선명한 동영상처럼 보이는 듯하다. 가끔씩 그때가 생각나면 가족들에게 우스갯소리를 한다.

"허허, 그 천사가 그날, 봉고차가 우그러질 정도의 강력한 충격을 온몸에 다 받고 소영이를 안고 땅바닥에 데굴데굴 굴렀으니 아마도 전치 12주 정도의 진단이 나와서 천사 전문병원에 장기 입원을 했겠지?"

천사의 존재에 대해 궁금해하는 사람들이 종종 있다. 아예 인정하지 않는 사람도 많다. 동화나 영화에서 하얀 옷을 입은 천사가 자주 등장하다 보니, 아이들은 그래도 제법 천사를 인정한다. 그러나, 어른들은 그런 게 어디 있냐고, 허황되고 유치한 이야기는 하지 말라고 일축해 버린다.

천사는 그저 동화나 전설 속 이야기에 등장하는 존재가 아니다. 생명이며 절대 진리인 성경은 명확하게 그 실체를 증거하고 있다. 구약성경에서 30여 번, 신약성경에는 150번이 넘게, 즉 성경 전체를 통틀어 180번이 넘도록 천사의 존재는 계속 언급되고 있다. 천사는 지금도 하나님의 큰 역사를 다양한 방법으로 수종 들고 있다. 결코 부인할 수 없는 천사의 실재이다!!

> 모든 천사들은 섬기는 영으로서 구원 받을 상속자들을 위하여 섬기라고 보내심이 아니냐 _히 1:14

이 얼마나 놀라운 일인가? 봉고차 앞이 다 찌그러질 정도인데 초등학교 1학년 아이가 털끝 하나 다치지 않았다는 것이..., 천사의 보호 외에 무엇으로 설명할 수 있는가?

하나님 나라의 구원받은 상속자를 섬기고 보호하는 천사의 사명 완수!! 수고했습니다. 짝짝짝!!

_ 천사 이야기 둘, 장난감을 놓쳤네

"장로님!"

"큰일 났어요!"

"우리 애기 아빠가 또 난리예요!"

"이 시간에 목사님께 연락하려니, 너무 죄송해서요."

"장로님이라도 빨리 오셔서 기도 좀 해주세요."

새벽 2시경, 숨넘어갈 듯 다급한 직원 부인의 전화에 정신이 번쩍 들었다.

청송 감호소 근무 당시, 동료 직원 한 사람이 아주 악한 영에게 붙잡혀 엄청 힘든 시기를 겪고 있었다. 거라사 광인처럼 강력한 군대 귀신에게 사로잡힌 듯, 밤낮없이 주변을 공포에 질리게 했다.

"그래요! 지금 바로 갈게요."

정신없이 집을 나섰다. 하필이면 그날, 늘 타고 다니던 오토바이는 수리를 위해 맡겨놓은 상태라 어쩔 수 없이 자전거를 타고 직원의 집으로 출발했다.

내가 살던 교도관 아파트에서 그 직원이 살고 있는 읍내까지는 약 4km이다. 그날따라 달이 얼마나 밝았던지, 세상이 대낮같이 환해 신비로움마저 느낄 정도였다. 감호소로 들어오는 길은 민간인이 마음대로 들어올 수 없고 검문소를 통과해야만 하는 외길이다. 검문소

를 지나면 시내 진입로까지는 약간 완만한 내리막 경사로다. 페달을
밟지 않아도 자동으로 쭈욱 내리 달려진다.

휘영청 달 밝은 그 새벽에 맑은 공기를 뚫고 씽씽 달려 내려가던
그때에 자전거를 갑자기 누군가 뒤에서 힘껏 잡아당기는 것이 아닌
가? 화들짝 놀라 뒤돌아보니 아무도 없다. 그 새벽 인적 없는 그 진
입로에 누가 있을 리 만무하다. 고개를 갸웃하며 다시 200m정도 내
려오는데 이번에도 자전거가 또 뒤로 당겨진다. 내 몸이 그 반동으
로 휘청할 정도의 힘이다.
"아니, 이건 또 뭐야?"
아예 달리던 자전거가 완전히 정지했다.
'이게 뭐지? 한 번도 아니고...'
잠시 생각이 깊어진다.
'나를 그곳에 가지 못하게 천사들을 시켜 자전거를 잡아당겨서라
도 막으시는 것 같이 아닐까?' 강력한 악령들을 나 혼자 감당할 만한
영력이 안되고 오히려 그것들이 나를 억압할 수 있음에 미리 나를
보호하시는 것 같다는 생각이 강하게 느껴졌다.
'그래! 그냥 돌아가자!'
'안 되겠다!'
'오늘은 되돌아가야겠다!'

일단 그날 새벽은 집으로 되돌아갔다. 그리고 그날 오후, 목사님과 몇몇 교우가 함께 그 직원의 집에서 예배를 드리는데, 악한 영에 사로잡힌 그가 눈이 허옇게 뒤집혀 진 채, 걸쭉한 음성으로 쌍욕을 내뱉고 발악을 하더니, 갑자기 교활한 눈빛과 야비한 웃음을 지으며 나를 쳐다보며 말했다. 기절초풍할 말이다.

"아, 오늘 새벽에 좋은 장난감 하나 놓쳤다."

"에이 씨, 분하다."

등에 소름이 돋았다.

연약한 나의 본질을 아시는 하나님께서 천사를 동원하셔서 나를 그곳에 가지 못하도록 자전거를 잡아당겨서라도 보호하시는 은혜를 베푼 것이라고 나는 지금도 믿고 있다.

그 직원은 많은 사람의 중보기도와 본인 스스로 예수 그리스도의 구원의 은혜를 깊이 깨닫는 과정에서 악한 영이 완벽하게 축출되었다. 그는 정상적인 가정과 직장 생활을 하게 되었고 고위직까지 승진도 했다.

천사들은 지금도 온 세계 열방에 흩어져서 자신에게 주어진 일들을 수행하고 있다. 이는 영적 세계에 널리 알려진 비밀이다. 천사들이 우리를 돕고 있고 우리를 섬기고 있다는 사실은 매우 큰 위로와 힘이다. 나의 이 간증은 소소한 개인 체험에 불과한 것 같지만, 성경

대로 천사의 사역은 지금도 계속되고 있다.

초월적 존재인 천사들이 제일 부러워하는 대상은 구원받은 믿음의 사람들이다. 그들은 '하나님 자녀'다. 천사들은 죽었다 깨어나도 (천사가 죽을 리 없지만) 하나님의 자녀는 될 수 없다. 천사들은 영원토록 충실한 하늘나라 연방 공무원 같은 존재들이다. 그들은 하나님의 신실한 심부름꾼일 뿐이다. 어떤 사람들은 천사를 부러워하고 숭배하기도 하지만 그들은 우리에게 두려움의 대상도 경배의 대상도 아니다. 하나님께서 하나님의 자녀들을 섬기도록 임무를 부여한 하나님의 일꾼일 뿐이다.

성도는 천사와 비교하면 한없이 연약하고 능력 없는 존재지만, 예수님의 보혈에 의지해 구원 얻은 하나님의 자녀다. 하나님은 돕는 천사를 통해서 자녀들에게 은혜를 베푸신다. 이 은혜를 깨달을수록 감격으로 노래가 흘러나오게 된다.

그가 너를 위하여 그의 천사들을 명령하사 네 모든 길에서 너를 지키게 하심이라 _시 91:11

하나님 자녀 됨의 영광 때문에 오늘도 우리는 든든한 감사로 살아갈 수 있다. 하나님 자녀들에게 경배와 찬양의 대상은 오직 하나님이다. 천만 번을 고백해도 모자랄 눈물겨운 감사로 마음 모아 기도하겠습니다!

_ 천사 이야기 셋, 복수하러 가던 길에

몇 안 되는 가까운 친구 중 한 명이 사업을 하다가 쫄딱 망해버렸다.

"기성이(가명) 요즘 어떻게 사노?"

"남양주 쪽에 있는데, 컨테이너를 하나 얻어놓고 있다 카더라! 아이들 학교도 보내지 못하고 지금은 거의 거지다 거지!"

"아, 우야노! 연락은 되나? 다시 일어나야 될 텐데.."

"이렇게 기성이를 죽게 놔두면 안 된다! 우리끼리라도 돈을 좀 모아서 살리자! 친구 좋다는 게 뭐꼬?"

"음, 좋은 생각이다! 한 번 해보자! 최대한 모아보자!"

물론 나는 돈이 별로 없다. 그러나 친구 중에 재력이 있는 몇 명이 있어 같이 뜻을 모으니 제법 액수가 되었다.

"기성이는 사업 수완도 좋으니까 기회를 주면 분명히 다시 일어날끼다!"

"친구야! 새롭게 한번 시작해 봐라! 돈 벌면 갚아라!"

"기성아, 니가 또 망해도 괜안타! 우리가 싹 다 포기할 테니까 차용증 쓰고 말고 할 것도 없이 마음 놓고 사업 자금으로 써라!"

그는 역시 사업 수완이 좋았다. 알루미늄 캔을 압축해 파는 중간

거래일을 하며 제법 사업이 일어서고 있었다. 2년 정도가 지나서 작은 공장도 마련했다. 3년이 지나고 나니 제법 부자가 됐다. 친구들에게 빌린 돈도 다 갚았다. 서울 근교에 아주 훌륭한 단독주택을 사서 자기 집도 가지고 드디어 정상생활로 돌아와서 안정된 삶을 꾸리게 된 것이다. 모두가 다 자기 일처럼 기뻐했다.

그런데 이게 웬일인가? 내 귀에 좋지 않은 이야기가 들리기 시작했다. 기성이가 나를 험담하고 모함한다는 것이다. 효진이는 부도덕하고 인격적이지 못한 친구라고 이 사람 저 사람에게 말하고 다닌다는 것이다.

"효진아, 기성이가 그러던데 진짜가? 니가 정말 걔한테 모욕적인 일을 했나?"

그럴 리가 없다. 우리 사이를 질투하는 누군가 잘못 전했을 것이다. 그 친구는 절대 그럴 사람이 아니다. 나를 포함한 친구들은 그의 생명의 은인이다. 특히나 나는 진짜 은인 중의 은인인데, 절대 그럴 리가 없다고 생각했다.

그런데 한두 번도 아니고 계속 그런 소문이 내 귀에 전해졌다.

'이상하다! 무슨 오해가 있나?'

어느 날 저녁 식사 중에 또 다른 친구에게서 전화가 왔다. 그가 어렵게 입을 열었다.

"어이, 효진아! 기성이가 니를 심하게 욕한다. 다른 말 같으면 그냥 그러려니 할 텐데 이건 아니다 싶은기라. 그냥 물을 수가 없다."

"뭔데?"

"자기가 어려울 때 니가 앞장서서 모금했잖아! 그때 니가 자기를 팔아서 돈을 삥 쳤다고 계속 욕하더라고."

그 말을 듣는 순간 배신감과 증오, 분노, 설명할 수 없는 섭섭한 감정들이 북받쳤다. 도저히 참을 수가 없었다. 밥을 먹다 말고 운동복 차림에 자리를 박차고 일어났다.

"너 이제 나한테 끝장났다. 그냥 안 둔다! 은혜를 원수로 갚아?"

"오늘 내 손에 한 번 당해 봐라!"

집에 있는 야구방망이를 집어 들고 현관문을 박차고 나왔다. 억수같이 쏟아지는 빗속을 달려나가 황급히 자동차 시동을 걸고 친구 집을 향 분노의 질주가 시작되었다. 와이퍼를 최대로 작동시켜도 앞이 보이지 않을 정도로 쏟아지는 폭우를 뚫고 달리면서 내 생각은 한 가지뿐이었다.

'이것은 도저히 용서 못 한다!'

그러나 그 상황에서도 마음 한쪽 구석에서는 하나님에 대한 생각이 내 의식의 끈을 잡아당겼다. "원수를 사랑하라"는 예수님의 말씀도 언뜻 떠올랐지만 내 자아는 의도적으로 그 생각을 가로막고 있었다.

"주님, 한 번만 눈감아 주이소! 다른 건 다 참아도 이거는 안 됩니더"

"주님, 이런 것은 주님도 못 참을 겁니더. 이걸 어찌 참습니꺼? 안 됩니다! 제발 오늘은 저를 간섭하지 마시고 그냥 두세요! 오늘 밤에 그 녀석을 끝장내버리고 그 뒤에 회개하겠습니더."

머릿속은 곧 기성이의 집 안으로 들어간 내가 하고 있을 일들이 눈 앞에 선명하게 그려지고 있었다.

'벨을 누르고 현관문을 박차고 들어간 다음 유리창부터 부수고 놀 라 뛰어나오는 그 녀석을 후려친 다음 온 집을 다 박살 내면 되겠지?'

그의 집은 주차장에서 50m 정도 좁은 골목길을 걸어 들어가야 한 다. 일단 주차를 하고 억수같이 쏟아지는 비에 우산도 없이 야구 방 망만 둘러맨 채로 골목길을 달리다시피 뛰어 들어갔다.

'다른 거는 내가 다 참겠는데, 이건 안된다! 오늘 니는 내 손에 한 번 당해 봐라!'

장로? 그 직분도 이 분노 앞에서는 아무 쓸데없었다.

믿음? 언제나 믿음으로 산다 했지만 이런 때에는 그 믿음이 어디 갔는지 하나도 보이지 않았다.

50m의 길이 참 멀었다. 그런데 돌연 희한한 일이 벌어졌다.

이게 웬일인가? 발이 땅에 자석처럼 철커덕 붙어버렸다.

실제 상황!!

‘어, 이게 뭐야? 왜 이래?’

손에 야구방망이를 든 채로 발이 딱 들어붙어버린 나는 그 자리에 서 버리고 말았다. 발 한 걸음을 떼기가 너무 힘들었다. 천근 무게가 되는 것 같았다. 한 발을 억지로 떼고 또 이쪽 한 발을 떼고, 또 겨우 떼고……

꿈속에서 도망가거나 걸어가야 하는데 발걸음이 도저히 떨어지지 않아 애쓰던 것이 꿈이 아닌 실제 상황으로 일어난 것이다.

‘아, 미치겠다. 내가 어디 잘못되었나? 나 왜 이러지? 내 몸에 이상이 있나? 너무 흥분해가지고 내 신경에 이상이 왔나?’

내 몸은 내가 안다. 지극히 정상이다. 다 멀쩡한데, 발만 땅바닥에 꽉 붙어서 떨어지지 않는 것이다.

그래도 억지로 또 두 발, 세 발 떼어 걷기는 하지만 몇 톤 무게가 발 아래로 나를 잡아당기는 것 같았다. 그 황당한 상황에서 마음을 가다듬고 잠시 생각을 해보았다.

‘혹시 성령님이 나를 가지 못하게 잡아당기시는 건가? 아니면 하나님께서 천사를 보내셔서 내 발을 잡고 움직이지 못하게 하는 건가?’

번개같은 생각들이 머리를 스쳐 간다. 그리고 이내 정리가 되기 시작한다.

‘그래, 이유는 잘 모르겠지만 바로 앞이 기성이 집인데 내가 지금

눈앞에 있는 저기를 내 맘대로 가지 못하고 있다. 만약에 이 상황이 아니었다면 지금쯤 이미 도착해서 아마 문짝을 차고 들어갔을 거다. 유리창을 부수고 그 친구를 내리치고 난리가 났겠지'

내 기질로 봐서 충분히 그럴 만한 일이다. 그렇게 되면 그 이후는 어떻게 될까?

다음날 아침 신문이나 방송에 대서특필까지는 아니더라도 흥미진진한 이런 기사가 나지 않았을까?

'박효진 장로! 심야에 주거 침입하여 기물을 파손하고 사람을 야구방망이로 구타하여 중상해를 입혔다!'

그렇다면 지금까지 이어온 은혜의 사역은 어떻게 되나? 수없이 다니며 전했던 복음의 능력은 어떻게 되나?

내 삶도 주님을 위한 사역도 유리창 깨어지듯 한꺼번에 다 박살이 났을 것이다. 발이 땅에 붙어 움직이지 못하고 서 있는 채로 그런 생각을 하고 있었다.

비로소 정신이 돌아왔다.

'맞다! 아무짝에 쓸모없는 짓이다. 내가 지금 이 부질없는 짓을 하러 여기까지 왔구나!'

억수같이 쏟아지는 빗속에서 비로소 내 입술이 가늘게 달싹거렸다.

"주님, 잘못..., 잘못했습니다. 저 돌아가겠습니다."

천천히 뒤돌아섰다. 이게 웬일인가? 1초 전까지 떼어지지 않았던 발이 뒤돌아서자마자 사뿐사뿐 나비처럼 걸어가기 시작한 것이다.

사뿐사뿐.

얼굴에 쏟아지는 빗물보다 눈물이 더 많이 쏟아져 내리는 것 같았다.

"우리 주님, 이 부족하고 연약한 나를 살리셨네요. 하나님이 나를 위해서 강권적으로 막아 주셨네요."

손에 들고 있던 야구방망이를 바로 옆 하천으로 던져버렸다.

돌아오는 내내 비는 멈추지 않고 쏟아졌다. 눈물도 멈추지 않고 내 볼을 타고 흘러내렸다. 차창 와이퍼는 빗물이 아니라 내 눈물을 닦아주며 위로하듯 숨 가쁘게 움직였다.

'하나님, 감사합니다, 고맙습니다! 큰 은혜를 경험하고도 아직도 제가 이렇습니다. 난폭하고 무식한, 한참 모자란 이 인간을 또 살려주셨습니다.'

'억울하다고 배신감을 느꼈다고 제멋대로 행동한 나를 용서해 주이소. 십자가에 매달리신 예수님을 또 잊어버렸습니다. 내 명예가 더럽혀진다고 혈기대로 하려고 했습니다. 하나님 영광을 제가 가릴 뻔했습니다.'

'희한한 방법으로 나의 범죄를 막으시고 이렇게 살려내신 하나님, 고맙습니다. 감사합니다.'

한없이 울며 집으로 달려왔다.

그 일이 있은 후 얼마 지나지 않아 그 친구가 나를 찾아왔다.

"효진아, 미안하다. 내가 잘못했다. 용서해라."

무릎을 꿇고 사과하며 내 손을 잡았다.

"내가 그때 진짜 자존심이 상했다. 내가 니보다 공부도 더 잘했고 니보다 훨씬 잘 사는 부자였다 아이가. 니보다 부족할 게 없는 내 아이가?"

"내가 망하고 나서 자존심이 너무 상하더라. 친구들이 도와준 거는 진짜 고마우면서도 이상하게 속이 상하더라. 그러다 보니 니를 마음에도 없이 마구 모함하게 되고 그랬다. 미안하다. 용서해라."

우리 둘은 그렇게 화해하고 서로를 용서했다. 만약 그날 밤 이 친구의 집에 바로 쳐들어갔다면? 생각만 해도 끔찍하다.

지금도 궁금하다.

그때 내 발을 강제로 붙들어 세운 것은 누구였을까?

하나님? 성령님? 예수님? 천사?

내 몸에 이상이 생겨서?

'하나님의 은혜'였다는 말 밖에는 할 말이 없다.

순간순간 간섭하시고 위로부터 부어주시는 그 은혜에 붙잡혀 사는 사람들은 이렇게 복이 있는 사람들이다.

3. 남의 굿판에서 방언 기도하지 마세요

정초나 명절이 되면 무속인들이 엄청 바빠진다. 많은 사람이 점도 치고 한 해의 길흉을 보느라 점집은 문전성시를 이룬다.

하지만, 눈에 보이지 않는 영적인 세계에서 더 바쁜 것들이 있다. 바로 귀신들이다. 정초나 명절은 귀신들에게 신나는 대목이다.

오래전부터 우리나라 사람들은 새롭게 주어진 한 해가 어떻게 전 개될 것인지에 관심이 많았다.

'운이 좋을까?'

'우리 가족에게 닥칠 나쁜 재앙을 없을까?'

'액땜을 어떻게 해야 되나?'

그래서, 토정비결을 알아보기도 하고 용하다는 점집을 드나든다. 또, 굿까지 하며 한 해의 운수 대통을 빌고 빈다. 요즘은 좀 더 세련된 문화로 타로카페가 자리를 잡기까지 했다. 이런 문화들에 대해 귀신들은 마냥 흥겨워하며 춤춘다.

사람들은 끊임없이 자신의 운명, 미래에 대해 알고 싶어 한다. 이런 심리의 배경에는 불안감과 두려움이 깊이 자리하고 있다. 하나님은 사랑의 하나님이다. 막연한 두려움은 하나님이 준 것이 아니다. 하지만 귀신들은 사람들에게 불안, 염려, 걱정, 두려움을 주는 존재들이다.

"할아버지, 왜 귀신들은 사람을 괴롭히고 나쁜 일을 하게 만들어요?" 언젠가 작은 손자가 물었다.

큰 손자가 바로 대답을 가로챘다. "귀신들이 하는 일이 원래 그런 거니까."

정답이다.

귀신들이 사람을 괴롭히고 미혹하는 최종적인 이유는 자신들의 종말을 누구보다 명확하게 알고 있기 때문이다. 마지막 때까지, 단 한 명이라도 더 지옥으로 끌고 가는 것이 그들의 임무다. 그래서 무시무시한 계획을 세우고 발악하며 사람들을 유혹한다. 때로는 마치 천사처럼 가장하기도 한다는 것이다.

악한 영들이 제일 싫어하는 것은 사람들이 진리를 아는 하나님의 백성이 되는 것이다.

오래전, 목사님 몇 분과 강화도에서 열린 세미나에 참석한 적이 있었다. 행사를 마치고 나와 보니 멀지 않은 곳에서 큰 굿판이 벌어지고 있었다.

영력이 강하고 큰 신을 받은 무당은 날카로운 작두 위에 맨발로 올라서곤 한다. 간혹 속임수를 쓰는 무당들이 있다고 하지만 장군 신 같은 강력한 신을 받은 무당은 날카로운 작두날 위에 서슴없이 온몸을 맡긴다.

호기심에 굿마당 언저리에서 구경하고 있는데, 알록달록한 옷을 입은 무당이 덩실덩실 춤을 추다가 갑자기 시퍼렇게 날 선 작두 위에 맨발로 올라서는 것이 아닌가!

그 광경을 보던 목사님들이 나지막하게 방언 기도를 시작했다. 작두 굿이 무르익어 가는 어느 순간, 작두를 타던 무당과 기도하는 목사님의 눈이 딱 마주쳤다.

"어, 엇!"

무당이 휘청하며 중심을 잃었다. 순간 그의 발바닥이 작두에 휙 베었다. 다행히 무당은 자기 양옆에 연결된 큰 줄을 잡고 있어서 발이 베이는 순간 몸을 위로 솟구쳐 큰 사고는 나지 않았다. 그러나 발바

닥에서 줄 줄 흐르는 피 때문에(피로 인해) 영험한 무당의 신뢰도는
땅바닥에 추락하고 말았다. 굿판이 망쳐졌다.

> 우리의 씨름은 혈과 육을 상대하는 것이 아니요, 정사와 권세
> 와 이 어두움의 세상 주관자들과 하늘에 있는 악의 영들을 상
> 대함이라 _엡 6:12

돌아오는 차 안에서 나는 목사님들께 질문했다.
"방언 기도를 왜 하셨나요?"
"아… 솔직히 그 굿판을 보니 좀 으스스했어요."
"약간 쫄리기도 하고, 방어용으로 기도했죠."
"나도 기분이 너무 싸해서 본능적으로 기도를 했죠."
"그런 일이 일어날 줄은 전혀 몰랐어요."
"이 일도 한 편의 영적 전투라고 봐도 될 거 같네요."
다른 목사님이 짐짓 어색하고 쑥스러운 표정으로 말한다.
"어찌 생각하면 남의 사업장에 가서 동의도 없이 영업을 망쳐 놓은
것 같아 찝찝하고 미안하기도 하네요."

4. 니는 누고?

나의 교도관 후배 집사님, 보기 드문 착한 성품과 부드러운 인격을 갖춘 그는 특별히 사형수들을 긍휼히 여기고 사랑으로 돌보며 기도해 주기를 좋아하는 교도관이다. 그는 워낙 분위기 좋고 화목한 믿음의 가정에서 올곧게 자란 탓에 거친 세상을 경험해 본 적이 없다. 그래서 그런지 내가 보기에도 영적 전투력은 조금 부족한 것 같았다. 그래서 험한 교도소 안에서 어떻게 견뎌낼지, 늘 염려가 된 사람이었다.

어느 날, 그가 한 사형수를 안고 기도하던 중, 그 안에서 역사하는 사악하고 더러운 영들이 교도관인 후배 집사님에게 올라탔다. 그 시간 이후로 그는 양손을 높이 쳐들고 내리지 않았다. 사흘 내내 하늘을 향해 손을 올리고 있는 그는 심지어 잠을 잘 때도 그런 모습이라고 하니, 참으로 기가 막힐 노릇이었다.

"내가 손을 내리면 지구가 멸망한다고 주님이 말씀하셨습니다! 아론과 훌처럼 손을 들고만 있어야 합니다."

그가 정상으로 돌아오기까지는 상당한 시간이 걸렸다. 다행스럽게도 많은 동역자의 기도와 권면이 지속되어 결국 회복된 그는 현재까지도 열심을 다해 하나님의 나라를 위해 헌신하는 일꾼이 되었다.

귀신들린 사람을 예수님 이름으로 쫓아내는 바울을 보고, 제사장의 일곱 아들들이 그대로 흉내 내어 귀신들린 자에게 "바울이 말하는 예수 이름으로 명하노니 더러운 귀신아! 악귀야! 나가거라!"라고 명했다.

바로 그때 귀신의 말이 역사적인 압권이다.

"내가 예수도 알고 바울도 알거니와 너희는 누구냐?" _행 19:15

그러고는 그 형제들 위에 확 올라탔다. 그 형제들은 모두 벌거벗은 채로 온 성을 뛰어다녔다고 성경은 증언한다.

혹시라도, 가족 중에 사악한 영에 붙잡힌 사람들을 위하여 기도할 때, 우리는 하나님의 전신 갑주를 입어야 한다. 무방비로 믿음의 방패도 없이 귀신과 싸우다가 제압당할 수 있다. 방심과 무방비 상태에서는 오히려 귀신들에게 조롱과 창피를 당할 수 있다.

"너는 누구냐?"

귀신들이 오히려 되물어 반격할 수 있다.

그러나 염려할 것도, 두려워할 것도 없다.

그들을 이길 수 있는 길은, 주 예수 그리스도를 믿는 강력한 믿음과 은사로 무장된 영적 능력이다. 이러한 영적 능력은 믿음과 기도를 통해 갖게 된다. 악한 영들이 가장 두려워하는 것은 말씀 위에 서 있는 성도, 기도하는 성도들이다.

강력한 영적 전사가 되어 악한 영들을 파쇄하는 일을 할 때, 절대적으로 갖춰야 하는 것은 거룩이다. 우리의 모든 죄악을 정결케 하여 거룩하게 하신 예수 그리스도를 믿는 하나님의 자녀들은, 거룩한 삶으로 삶의 방향이 바뀐다. 거룩함이 수반되지 못하면, 이런 능력이 절대 나타날 수 없다.

지금 나는 거룩하고 구별된 삶을 살고 있는가? 이 질문에 대한 해답은 자기 자신이 가장 잘 안다. 만약, 조금이라도 양심에 걸리는 것이 있다면, 이를 돌이키는 진정한 기도가 우선적으로 필요하다.

"예수 이름으로 명하노니, 물러가라!"

아무리 외쳐도 내 속에서 감각되는 양심이 정죄의 올무에 걸리기 쉽다. '너, 그따위로 살면서 무슨 낯짝으로 예수님 이름을 입에 담냐?' 라는 마음이 드는 순간, 기도하는 사람의 영적 힘은 쫙 빠지게 된다.

악한 영들과 싸워 이기는 마지막 최고의 무기는 거룩의 길이다. 거룩을 향한 그 몸부림의 기도는 바로 오늘, 이 순간부터 시작되어야 한다.

이미 지난 일은?

회개하며, 주님이 흘리신 보혈의 강에 다 떠나보내고 지금부터 새롭게 시작하면 된다. 경건치 못한 생각들과 언어, 심령 속의 더럽고 추악한 것들, 모두 더 이상 들이지 않아야 한다.

마귀는 더러운 생각과 감정이 들도록 부추긴다. 그럴 때마다 주님의 보혈로 씻고, 주님의 이름을 부르고, 주님의 말씀을 묵상하면, 거룩한 생활로 변화되어간다. 이렇게 거룩을 연습하며 훈련한 기도자의 눈과 마주치기만 해도 악한 것들은 비명을 지르며 도망하게 된다. 마주 서기만 해도! 눈빛만 마주쳐도!

나사렛 예수의 이름을 외치면 마귀들은 꼼짝 못 한다!!

그런즉 너희는 하나님께 복종할지어다. 마귀를 대적하라 그리
하면 너희를 피하리라 _약 4:7

우리의 씨름은 공중의 권세 잡은 자들과 하늘에 있는 악한 영들과
의 영적인 전쟁이라고 하나님은 말씀하신다. 성도들은 모두 말씀으
로 부름받은 최일선의 전투병이다.

모든 성도들이 결코 뒤로 물러서지 아니하고 당당하게 승리하는
거룩한 기도자로 온 땅 가득 채워지게 하옵소서.

5. 예수로 끊어지는 가계의 저주

「가계에 흐르는 저주를 끊어라」라는 책이 전국을 강타한 적이 있었다. 교회에 다니는 사람들뿐만 아니라 일반인들까지도 심취될 만큼 큰 화제가 되었다.

나는 그 책을 읽는 내내 걱정과 혼란스러움으로 심란했었다. 책의 내용대로 하면 우리 가문은 그 어떤 집보다 저주가 크게 흐르는 가계이기 때문이다.

우리 집은 유교사상으로 꽉 들어찬 종갓집이다. 수많은 제사, 양반이라는 명분으로 당연시했던 조상들의 주색잡기 등은 충분히 '가계에 흐르는 저주'로부터 자유로울 수 없다는 생각이 들었기 때문이었다.

예수님을 영접하기 전 나의 삶 역시, 대를 이어 수많은 귀신을 섬기는 죄악과 경건치 못한 습성이 만연했다. 그래서 '가계에 흐르는 저주'가 내게도 흐를 수 있다는 불안감을 떨칠 수 없었다. 그런데 과연 이 말이 정답일까? 어느 면으로는 맞을 수도 있으나 꼭 그렇지만은 않다고 생각한다.

"우리 집은 지금 엉망진창이에요! 교회에 나가는데도 불구하고 끊임없이 집안에 문제가 생기고 우환이 끊이지를 않아요. '가계에 흐르는 저주' 때문에 그런가요?"

"어떤 기도하시는 분이, 우리 집에 흐르는 '가계에 흐르는 저주'를 끊어야 된다고 하셨어요!"

'가계에 흐르는 저주'는 어느 면으로는 인정할 수 있다. 더러운 귀신(들)이 한 가정을 접수하고 그들의 영역으로 확고하게 터를 잡아버리면 그때부터 그 가문은 대를 이어 그들의 놀이터로 변해 버린다.

그런데 귀신들이 그 집안을 장악한다고 해서 늘 나쁜 일만 일어나는 것은 아니다. 영악하고 교활한 귀신들은 당근과 채찍을 번갈아가며 사용한다. 부자가 되게도 하고, 자녀들이 좋은 학교에 합격하게 하고, 하는 일마다 성공적으로 잘 되는 형통을 주기도 한다.

그 결과, 그 가문을 더 강하게 속박한다. 마귀는 세상을 주관하는 영으로, 제한적이긴 하나 나름의 능력과 권세가 있다는 것이다. 그러나 때로는 집안이 풍비박산이 나도록 어려움을 당하게도 한다.

이런 일을 당하면 많은 사람이 점쟁이나 무당을 찾아다니며 점을 보고 굿을 하기도 하지만 이것은 점점 악한 영들에게 속박되는, 그들의 밥이 되는 지름길이다.

귀신에게 빌고 도움을 구하면 마음도 편해지고 또, 감쪽같이 문제가 해결되는 경우도 허다하다. 이것이야말로 점점 그들의 종이 되어가고 그들에게 속박된 존재가 되어가는 것이다.

사람은 태어나서 죽고 또 태어나며 대를 이어가지만, 귀신은 죽지 않는다. 시간적으로 무한한 그들은 유한한 생명을 가진 사람들의 가계를 지배하며 영향을 미치기도 한다.

이 악령들은 고유한 역할이 있다. 술을 즐겨 하는 유혹의 영, 투기와 사행심을 조장하는 미혹의 영, 거짓말하는 영, 음란의 영 등 각기 사람을 망가뜨리는 특기를 가지고 있다.

만약, 음란한 영이 그 가정을 장악하게 되면 그 집안 대대로 음란한 영의 강력한 지배가 지속될 수 있다. 할아버지가 죽으면 아버지를 장악하고 아버지가 죽으면 아들들에게 들어가 계속해서 이 가족을 붙잡아 자기의 종이 되게 한다.

이것을 '가계에 흐르는 저주'라고 표현할 수 있다.

사람의 의지가 아무리 강해도 이 악한 영들에게 붙잡히면 꼼짝 달싹 못한다. 그들은 사람보다 훨씬 강한 능력을 가지고 있기 때문이다. 우리는 시공간의 제약을 받는 연약한 인간이지만, 이들은 시공간의 제약을 받지 않는 영으로, 육체를 가진 사람과는 차원이 다른 존재다.

이들이 한 집안을 붙잡고 완전히 망가뜨리는 순간까지도, 사람은 귀신들의 영향력 아래 놓여 있는 저주와 간계를 인식하지 못하기도 한다.

그러나 놀랍게도 '가계에 흐르는 저주'란 말이 무색할 정도로 악령의 영향력이 끝나고 정리되기도 한다. 너무 반갑고 기분 좋은 소망의 말이지 않은가!

아무리 사악하고 강한 영이 지배하고 있는 집안이라도 어느 순간, 이 저주라는 의미가 흔적도 없이 사라질 수 있다.

바로 예수님을 믿고 거듭나는 찰나, 하나님의 자녀가 되는 그 순간! 그동안 가계를 통해 흘러온 그 끈질긴 악령의 역사가 종결됨과 동시에 드디어 '가계에 흐르는 저주'라는 단어는 그 가정에서 영영 사라져 버리는 놀라운 일들이 일어나기 때문이다.

예수의 이름이 선포되는 곳에, 긴 세월 가문을 움켜잡고 있던 마귀의 발톱이 뽑힌다. 진리의 능력이 악한 영을 무기력하게 하고, 악한 영의 음산한 둥지를 부수어 박살을 낸다. 주의 영이 있는 곳에는 자유함이 따르게 된다.

예수 그리스도 안에서 모든 저주라는 의미는 다 해결되었다. 보혈이 흐르는 성도들에게 어찌 가계에 흐르는 저주가 임할 수 있겠는가?

하나님의 아들이 나타나신 것은 마귀의 일을 멸하려 하심이라 _요일 3:8

회개하고 보혈의 공로를 의지하며 새로운 피조물로서의 삶을 살아가는 하나님의 자녀들에게는 부모의 죄가 대물림 될 수 없다.

"내 죄가 내 자식에게 대물림되었다."

"내 할아버지의 죄가 내게 흘러왔다."

이는 예수 그리스도의 은혜 밖의 사람들 이야기다. 현실적으로 그들은 악한 영들의 마수 안에 걸려들어 있으니 '가계에 흐르는 저주'라는 담장 안에 갇혀 두려움으로 살아갈 수밖에 없다.

'가계에 흐르는 저주'라는 동일한 문제 앞에, 두 종류의 다른 삶이 있다.

하나는, 대를 이어 흘러 내려오는 갖가지 악행, 술 취함, 폭력, 정신적 문제, 도박과 마약으로 쑥대밭이 되어 가는 삶이다.

다른 하나는, 하나님의 자녀 된 권세를 가진 성도들이, 빛나는 하나님 나라 복음의 승리로, 악한 영의 사슬을 완전히 해체하고 무효화시킨 삶이다.

예수 그리스도를 주인으로 영접한 가계로 악한 영의 속박에서 벗어나는 새로운 가계를 이루느냐, 아니면 부모 탓과 조상 탓을 하며 악한 영의 속박이 지속적으로 대물림되는 가계를 이루느냐는, 지금 이 책을 읽는 독자의 선택에 달려있다.

창조주 하나님의 아들, 예수 그리스도를 마음에 영접하는 자, 곧 예수님이 모든 죄악의 속박으로부터 우리를 해방시키셨음을 믿는 자들은, 어떤 악한 영의 권세로부터도 승리할 수 있는 예수님 이름의 권세가 주어진다. 하나님의 자녀 된 믿음의 사람들은 하나님의 은총으로 어떠한 저주도 없는 가슴 벅찬 은혜를 마음껏 누릴 수 있는 하나님 나라의 풍성한 축복으로 부름받은 자들이다.

6. 요가나 명상이 무서운 이유

　피곤을 쉽게 느끼고 신체의 이곳저곳이 욱신거린다는 아내가 이웃의 권유로 요가를 시작하게 되었다. 한 달 정도 운동에 열심을 내는 듯하더니, 어느 날 요가학원을 그만두겠다고 한다.

　"와? 스트레칭도 하고 몸도 제법 좋아졌다면서?"

　"운동은 좀 되는 듯한데 뭔가 찜찜해서 못 가겠어예."

　이유가 뭐냐고 묻는 내 말에 약간 겸연쩍게 웃으며 대답한다.

　"뭐 꼭 집어서 말은 못 하겠는데, 기분이 별로 좋지 않아요. 요가를 시작하기 전에 '나마스떼'라고 인사하는 것도 그렇고, 명상이랑 음악 분위기도 이질감이 들고, 하여튼 안 갈랍니더."

아내의 이야기를 듣는데, 제법 심각한 문제가 있는 듯한 감이 든다. 명상을 많이 하는데 아무리 보아도 이교도적인 분위기며, 음악은 조용한 선율임에도 불구하고 기쁨이나 환희의 감정이라기보다 사람의 심령을 굉장히 무겁고 우울하게 만드는 것 같다는 것이다.

특히 고양이, 사마귀, 호랑이 등의 자세를 취할 때마다 기분이 좋지 않다고 한다. 심지어 한쪽 발로 서서, 양손을 높이 쳐들어 태양의 기운을 받는 자세를 취할 때에 이건 아니다 싶어 결국 요가를 그만두어야 하겠다는 것이다.

세월이 많이 흐른 요즈음, 오히려 요가는 더욱 대중화되어 성도들까지도 거부감 없이 받아들이고 있다. 요가로 스트레칭 효과를 톡톡히 보고 있다는 자랑을 하는 분들도 있지만 간혹 질문해 오는 사람도 있다.

"예수님을 믿는 사람들이 요가나 명상을 해도 될까요?"

"기독교인들이 요가해도 괜찮을까요?"

"뭔가 좀 이상해서요."

스트레칭으로 자세를 교정하고, 명상을 통한 마음의 안정을 가져올 수 있는 매력적인 운동이라는 것은 어느 정도 인정할 수 있다. 그러나, 그렇게 쉽게만 볼 문제가 아니라는 것을 알아 갈수록 머리가 어지러워졌다. 요가라는 운동 그 밑바닥 사이사이에 깔려 있는 숨겨진 무서운 영적인 문제가 하나씩 드러나는데 등골이 서늘해지기까지 한다.

물론 요가의 신체 건강과 명상의 순기능에 대한 이론을 무시하는 것은 아니다. 그러나 숨겨진 영적인 문제만큼은 결코 쉽게 넘어가거나 양보할 수 없다.

요가나 명상의 기초는 의외로 굉장히 오랜 역사를 가지고 있다고 한다. 인도에서 발생된 힌두교가 본류로써, 거의 한 3천 년 가까이 된 역사를 가지고 있다.

요가는 흔히 우리나라에서는 건강증진을 위한 스트레칭 등 다양한 병을 예방한다고 알려져 있다. 또, 운동을 통한 치료법, 우울증 예방에도 좋은 운동이라고 한다. 그래서인지 많은 분이 동참하고 있고 경로당에서 복지 프로그램으로 자리 잡히기까지 했다.

그런데, 실상 요가는 인도의 힌두교에서 행하는 종교적인 행사였다. 이것을 통해 그들의 영혼과 육체가 우주와 하나가 되어 깨달음의 극치를 찾는다고 한다.

이 문제는 우리가 깊이 생각해 보아야 할 문제이다!

또, 요가의 자세는 어떠한가? 우리는 운동으로 이해하고 있지만, 요가의 본래 의미는 어떤 물체의 모양이나 짐승의 자세를 통해서 그 신과 내가 하나가 되어지는 과정이라고 한다. 엄밀히 말해 영적으로는 접신의 단계를 위한 자세라고 해도 무방할 것이다.

허리 아플 때, 고양이 자세를 취하며 엎드려서 스트레칭을 하는 것은 요가 자세 중의 하나다. 그런데, 그 본래의 목적은 어떠한가? 고양이처럼 다 똑같은 형상으로 엎드려 명상의 세계에서 내 몸이 그들이 의미하는 고양이 신과 일체가 되어 접신하는 과정이다. 얼마나 어이없고 소름 끼치는 동작인가!

물론 대다수의 사람은 이러한 사실을 전혀 모른 채 이 자세를 하며 개운함을 느끼거나, 자신의 유연성을 즐거워할 수도 있다. 그런데 접신 자세라는 것을 알고 이런 동작을 하는 사람이 얼마나 있을까?

그러나 아무리 모르고 했다고 한들 그 밑바닥에 깔린 영적인 영향력이 전혀 없어지는 것은 아니다. 자신도 모르게 접신 의식에 잠식되어 영적인 문제가 동반되기 마련이다.

악한 귀신들은 순진하지 않다. 아주 교묘하게 역사한다. 혐오감이 들도록 투박하고 무서운 귀신 모습으로 사람 앞에 등장하지 않는다. 알아차리지 못하게 아주 편안을 줄 것 같은 모습, 실제적인 많은 유익을 줄 것처럼 접근한다. 또, 편리함과 안전감을 주는 시스템을 통해서도 사람들에게 은밀하게 접근하여 영적인 문제를 살짝살짝 건드리며 잠식한다. 이것이 바로 이 시대의 무서운 영적인 전쟁이다.

광명의 천사처럼 가장하여 나타난다는 사단의 계략을 항상 염두에 두어야 한다. 이를 민감하게 깨닫지 못하고 생활하면 점점 영적인 경계선이 희미해지고 악한 영의 속임수에 허우적거리게 될 뿐이다.

여호수아는 결단하고 고백했다.

오늘날 나와 내 집은 오직 여호와를 섬기겠노라! _수 24:15

여전히 지금 이 시대에도 분명한 영적 세계의 경계선은 설정되어 있다. 옛날 흘러간 그 시절의 이야기가 결코 아니다.

성령님의 역사 가운데 살 것인가? 세상을 주관하는 악한 영에게 붙잡혀 살 것인가? 요가, 명상, 사주관상, 타로점, 문신, 점성술 같은 것들은 실제로 인간의 영혼을 혼미하게 하고 영적인 경계선을 흩트리는 역할을 한다. 거룩한 영인 성령의 역사 가운데 살기 위해서는 이 모든 것을 경계하는 것이 무척 중요할 것이다.

만약, '요가에 대해 신경 쓸 필요 없다. 그런 건 예수 믿는 기독교인들에게나 관심 있는 민감할 수 있는 이야기, 영적인 호기심을 자극하는 이야기들일 뿐이다. 나는 건강을 위해서 할 뿐이다.' 이렇게 말씀하시는 분들이 있을 수도 있다. 건강을 위한다는데 누가 말릴 수 있을까? 또, 요가학원을 운영하시는 분들을 비난할 마음도 없다.

그러나 진정으로 하나님을 알고자 하는 이들, 영적 세계에 관심이 있는 이들, 영적인 세계를 바로 알고자 하는 이들은 다시 생각해 보지 않겠는가?

"요가해도 괜찮다!"

"요가하면 안 되겠다!"

어떤 선택을 하겠는가?

하나님은 말씀하신다.

"악한 것은 모양이라도 버려라! 악한 것은 모양이라도 버려라!"

머리 위에 새가 둥지를 짓기 전에 빨리 털어버리는 지혜, 새가 집을 짓고 난 뒤에 고통 속에 떼어내려고 애쓰는 어리석음은 없기를..., 굳이 건강을 위한다면, 영적인 문제가 개입되지 않는 다양한 다른 운동들이 충분히 있질 않을까?

하나님께서 우리 마음에 분별하는 은혜를 주시기를 소망한다.

7. 남이 쓰던 물건을 받고
나쁜 일들이 생긴다?

"따르릉 따르릉"

"장로님, 제발 좀 도와주세요."

잘 모르는 분에게서 연락이 왔다. 40세 무렵의 미혼 아들에 관한 절박한 문제를 다급하게 털어놓는 어머니의 간절한 마음이 그대로 느껴지는 전화였다.

"장로님, 아들이 3대 독자인데 아직까지 결혼할 생각은 하지도 않고, 독립해서 우리 집 가까운 아파트에 살고 있는데요. 얼마 전 아들 집에 가 보니 깜짝 놀랄 일이 벌어져 있더라구요."

현관문을 열고 들어가 보니 평소에 없던 물건들이 집안에 빼곡히 쌓여 있었다고 한다. 아들에게 그 물건들의 출처를 알아보니, 이웃에 살던 노인 부부가 먼 곳으로 이사하면서 물건들을 다 넘겨주고 갔다는 것이다.

발 디딜 틈도 없이 온갖 짐으로 꽉 찬 집을 보면서, 어머니는 정신이 산만해지고 섬뜩한 마음이 들어 급하게 자리를 떠났다고 한다.

민간신앙과 무속이 깊이 뿌리내린 우리네 삶에는 자연스레 정착된 이야기가 많다.

짝이 맞지 않는 물건, 어두운 그림, 출처가 불분명한 중고품, 고장난 시계, 먼지가 많이 쌓인 물건, 가시가 있는 식물, 깨진 거울, 말린꽃, 봉제 인형이나 파손된 인형, 약봉지, 지나치게 큰 거울 등은 집안에 두면 안 된다고 한다.

그 이유는 이런 것들이 길흉화복에 큰 영향을 끼치기 때문이란다. 그래서 타인이 사용하던 물건은 받아쓰지 말라는 것이다.

"남이 쓰던 물건 속에는 귀신이 붙어 온다!"

"귀신들린 사람이 쓰던 물건에는 그 귀신이 붙어있다!"

무속 하는 사람들은 특히 이 문제를 굉장히 중하게 여긴다. 집에 두면 좋은 물건과 안 되는 물건, 가구나 물건을 들이거나 옮기는 날짜도 받아서 정하게 한다. 또 큰 가구는 밑바닥이나 보이지 않는 곳에 부적을 붙이는 비방을 해야지, 귀신이 그 집에 들어오지 않는다고 하며 두려움을 자극한다.

그 어머니도 이러한 미신에 대하여 알고는 있지만 아들에게 받은 물건들을 버리라고 하기가 부담스러운 것이었다.

'에이, 어머니!'

'교회 다니는 사람이 무슨 소리예요?'

'요즘 같은 세상에 무슨 그런 귀신 씻나락 까먹는 소리를!'

이렇게 말할 것이 뻔했으므로 차마 말도 꺼내지 못하고 불안한 가슴만 졸이고 있었다는 것이다. 그런데 그때로부터 아들에게 좋지 않은 문제가 연이어 생기기 시작했다. 게다가 아들의 성격도 갑자기 급하고 과격하게 변하며 짜증을 내는 빈도도 높아졌다. 직장에서도 크고 작은 문제가 계속 발생하며 나쁜 일이 끊이지 않았다.

전화를 걸어온 어머니는 이러한 일련의 나쁜 상황이 노부부에게 받은 물건들에 붙은 귀신들 때문이라는 생각으로 불안한 시간을 보내고 있었다.

"장로님."

"그 물건들 때문에 나쁜 일이 계속 생기는 것 같아요."

"어떻게 하면 좋을까요? 저희 아들은 어떡해요?"

정말, 물건에 귀신이 붙어왔을까?

간혹 그럴 경우도 있겠지만 그렇다고 할 수는 없을 것이다. 우리나라의 무속, 민간신앙은 거의 사람을 옭아매어 속박하고 두려움을 주는 악한 귀신들의 술책과 전술이 대부분이다.

일단 쉽게 생각해 보더라도 귀신은 시공간을 뛰어넘는 영적인 존재이다. 그런데 그들이 굳이 물건에만 붙어 다닐 필요가 있을까?

우리나라뿐만 아니라 미국도 장롱 속에 귀신이 있다는 무서운 이야기 때문에 아이들이 침대에서 잠들기까지 엄청 두려워한다. 이런 이야기를 들으면, 그때부터 장롱문을 보거나 남이 쓰던 물건을 볼 때, 괜히 기분이 싸해지고 등골이 서늘해짐을 느낄 수 있다. 골동품 속에 귀신이 붙어있다는 이야기도 자주 들어온 말이다.

"저 골동품 안에는 어떤 귀신들이 집을 짓고 있을까?"

골동품 속에 귀신들이 집을 짓고 있다면, 인사동 거리는 온갖 귀신들이 붙어있는 귀신 골목이라고 해야 하지 않을까?

악한 영들은 사람의 감정과 이성을 계속 자극하여, 공포 분위기를 조장하려고 한다. 두려움으로 불안케 하여 미신에 기대어 살게 하려는 계략일 뿐이다.

어린 시절, 덜덜 떨며 들었던 달걀귀신 이야기, 푸세식 변소 이야기, '파란 종이 줄까? 빨간 종이 줄까?'로 각인된 막연한 두려움과 불안, 공포에 염색된 영혼들은 결국 성장해서도 악한 영들에게 속박된 마음에 묶이곤 한다.

이런 세상에 하나님의 아들 예수님이 오셨다!

"진리를 알지니 진리가 너희를 자유롭게 하리라!" _요 8:32

이 한마디 말씀 속에 감추어졌던 영적 세계의 엄청난 비밀 주머니가 빵하고 터져 드러났다. 진리를 알라! 진리를 알면 악한 귀신들의 속임수와 속박에서 자유할 수 있다. 얼마나 놀라운 사실인가!

진리를 알지 못한 사람들, 진리 밖에 있는 사람들은 잘못된 귀신들의 정보에 끊임없이 노출되고, 그들의 교활한 속임수에 속아 허우적거릴 수밖에 없다.

누군가에게서 얻었든, 중고품을 샀든 간에 보기 좋고 아름다운 것은 그 자체로 좋은 것이다. 하지만, 볼수록 기분이 찜찜하고 느낌이 좋지 않은 것들도 종종 있다. 외국에서 산 인형이라도 이상한 형상을 하고 이빨을 드러내고 있는 것들은 과감하게 버리면 된다.

'쓰레기통에 함부로 버렸다가 해를 당하지 않을까? 집 안에 화가 있지 않을까?' 라는 염려는 할 필요가 없다. 옆에 두고 괜한 갈등을 할 필요가 있겠는가?

아주 절친했던 집사님 댁을 방문했는데 그 집 벽에 스킬 자수로 벽면 전체를 거의 다 덮은 큰 작품이 걸려있었다.

예수님의 최후의 만찬 모습을 자수로 한 땀 한 땀, 정성스레 제작된 작품이긴 한데 하필이면 예수님의 눈동자가 아주 특이하게 표현이 되어 있다. 온통 빨간 색깔로 수 놓아진 눈이 너무 무섭게 보였다. 시뻘겋게 충혈된 눈이 나를 노려보고 있는 같아 섬뜩했다.

"집사님, 예수님 눈이 엄청 무섭네예."

"내한테만 무섭게 보이나?"

"저도 예수님 눈이 너무 안 좋게 보여요."

"날 막 잡아먹을 것 같네!"

"무섭다. 집사님!"

내가 알고 있는 예수님의 자비로운 눈빛, 인자한 눈빛이 아닌 공포영화 속 주인공처럼 금방이라도 그림에서 튀어나올 것 같은 눈빛이다. 나도 모르게 자꾸 그 시선을 피하게 된다.

"우리도 솔직히 저 모습 볼 때마다 기분이 이상하고 무서움도 느낄 때가 많아요. 밤중에 자다가 보면 섬뜩하기도 하고요." 가족들도 이구동성으로 맞장구를 친다.

"맞아요! 맞아! 진짜 너무 보기가 좋지 않아요. 그냥 없애시지요."

"아무리 무섭다고 어떻게 예수님 얼굴이 담긴 작품을..., 그건 못

하겠어요!"

"에이, 집사님!"

"그렇게 생각하면 영원히 눌려 삽니다! 그냥 처분하이소. 저 작품?
큰 의미가 없습니다! 예수님이 진짜 벽에 걸려있는 것도 아니고, 그
거 없앤다고 예수님이 절대 안 섭섭해요! 그러니 없애도 돼요!"

"아이, 진짜 그럴까요? 그래도 되나."

아직도 수많은 사람이 이러한 식으로 불안과 속박의 상태에 있다.
요즘은 아파트가 많지만 옛날에는 거의 대부분이 일반 주택이었다.

제사를 지낼 때 한 가지 우선 법칙이 있다. 제일 먼저 마당에 걸친
빨랫줄부터 내려놓는다. 귀신이 제삿밥 먹으러 들어오다가 목이 걸
릴 위험이 있기 때문이란다. 빨랫줄에 목이 걸리면 그건 귀신도 아
니다. 그래도 이런 말도 안 되는 전통에 사람들은 무서울 정도로 꽁
꽁 붙잡혀 있다. 이제 그들의 거짓된 세계를 완전히 파악하고, 승리
하며 오히려 제압할 수 있는 힘을 가져야 할 때이다.

한참의 시일이 지난 후, 그 40대 청년의 어머니에게 연락이 다시
왔다. 어느 날 아들이 먼저 이야기를 꺼내더라는 것이다.

"어머니, 제가 보니 집에 불필요한 물건들이 너무 많기는 한 것 같
아요. 그리고 이상하게 뭔가 복잡하고 기분이 좋지 않은 그런 물건

들도 눈에 띄어서 산만한 기분이 들고 뭔가 쎄한 느낌도 들고 불편해서 그냥 다 버렸어요!"

"아이고~ 잘했다! 잘했다!"

한숨을 돌린 어머니와 아들이 그 과정을 통해서 서로의 마음을 나누다 보니, 놀라운 말을 듣게 되었다.

"어머니, 사실 그때 굳이 그 물건 때문에 그런 나쁜 일이 있었던 게 아니고 이미 그전부터 회사에서 문제가 생겼어요."

"게다가, 물건을 가져오기 전부터 여자친구와 문제가 생겨 계속 다투고 해서 신경이 날카로웠던 것 같아요."

물론 물건에 붙어 역사하는 악한 영들이 있기도 하지만 굳이 그 물건을 가져와서 나쁜 일이 생겼다는 것만은 아니다. 모든 일에 무조건 갖다 붙이는 것이 오히려 올무가 되기도 한다. 그저 타이밍이 맞았을 뿐이지 실제로는 아무 관계가 없는 이야기였던 것이다.

손톱 밑에 조그만 가시가 박혀 본 경험이 한 번쯤은 있을 것이다. 아주 조그만 가시가 손톱 아래에 박히게 되면 온몸을 괴롭게 만든다.

우리 영적인 세계도 이런 작고 사소한 문제가 눈덩이처럼 커져 우리의 정신세계를 혼란스럽게까지 만든다. 이런 것들이 정리가 안 되면 계속해서 영적 생활의 걸림돌이 된다.

오늘도 하나님은 말씀하신다. 일상의 문제와 악령의 역사를 분별할 수 있는 지혜와 지성을 가지라고.

"진리가 너희를 자유케 하리라! 할렐루야!"

이 진리 안에 서서 오늘 하루를 새롭게 다시 시작하자.

The
truth
will set
you free

30년 동안 간증 집회를 다니며
깨달은 영적 세계의 비밀

2장

1. 부흥집회가 난장판 될 뻔...

"귀신같이 알아맞힌다."

"족집게같이 알아맞힌다."

귀신들은 정말 귀신처럼 잘 안다. 대대로 내려오는 집안의 내력, 가족들만 아는 비밀 같은 것을 기가 막히게 들추어내니 가족들은 귀신들이 하는 말에 꼼짝없이 넘어가고 그들의 손아귀에 붙잡히게 된다.

수년 전, 남쪽 지방 시골에 있는 교회에서 부흥회를 인도하던 이틀째 되는 날이었다. 모두가 뜨거운 은혜를 나누고 있던 시간에 갑자기 앞줄에 앉은 30대 후반의 여성이 벌떡 일어서서 성도들을 향해 뒤돌아서서 삿대질을 하며 입에 담지 못할 욕을 내뱉기 시작했다.

따발총처럼 쏟아지는 찰지고도 섬뜩한 욕설에 모두의 정신이 혼미해질 정도였다.

나도 예수님을 몰랐던 당시, 살벌한 청송 감호소에서 근무할 때 세상 둘째가라면 서러울 정도로 입에 착착 붙게 욕을 하던 사람이다. 그런 나마저 혀를 내두르게 하는 질펀한 욕 잔치였다.

'와따, 이 여자분 진짜 욕 잘 하네' 이쯤 되니 집회는 여지없이 중단되었고 마침 부근에 있던 장로님이 이 여성을 말리려고 다가갔다.

"어이, 그만 좀 해요! 진정해요!"

말리려고 가까이 다가간 장로님의 이 말이 끝나자마자 이 여성은 장로님을 향해 휙 돌아보며 흰자위 가득한 눈을 치켜뜨며 소리쳤다.

"니가 장로야? 니가 장로야? 남의 돈 떼먹는 니가 장로야?"

이 여성은 멈추지 않고 계속 소리쳐 말했다.

"거짓말은 입에 달고 살고, 마음속은 음란으로 가득하고 니가 장로야?"

순간 장로님은 얼굴이 벌게져서 대답 한마디 하지 못하고 도망치다시피 그 자리 뒤쪽으로 피해버렸다. 보다 못한 전도사님이 이 여성에게 달려왔다.

"자매님! 왜 이래요? 무슨 말을 그렇게 해요?"

이 여성은 전도사님에게로 얼굴을 돌리며 손가락질과 욕설을 해댄다.

"니가 전도사야? 신학교 다닐 때 컨닝 엄청 했네? 사람들에게 상처도 엄청 줬네? 신학교 때 술도 엄청 퍼마셨네. 꼬라지에 전도사 좋아하네."

장로님과 전도사님의 수치스러운 과거를 족집게처럼 집어냈다. 전도사님 역시 당황하여 뒷걸음치며 그 자리를 피해 도망가다시피 했다.

이 기막힌 모습을 보고 있던 성도들은 넋이 나갈 정도로 혼란에 빠지고 말았다. 이젠 아무도 이 여성을 말릴 사람이 없었다. 성도들은 일제히 나만 쳐다보고 있었다. '장로님, 어떻게 좀 해보세요! 부흥강사잖아요!'라는 애절한 눈빛. 솔직히 말해서 나도 갑갑하기만 했다.

'난들!'

내 속에 얼마나 많은 경건치 못함과 허물진 것들이 꿈틀거리는지, 남들 보기에는 거룩해 보이지만, 나 자신이 나를 제일 잘 알고 있지 않나? 그 여자와 맞붙는다는 것은 나도 다 까발려질 각오를 해야만 하는 것이니 솔직히 자신이 없었다. '껄적지근하다'는 표현이 이런 것인가 보다.

주저하는 사이에 상황은 생각보다 더 심각해졌다. 그 여성의 욕설과 고함은 극에 달하고 있었다.

'에라, 모르겠다! 그래도 부흥강사라고 왔으니 수습을 해보자. 하나님 힘 주이소! 죽기 아니면 까무러치기다.' 손에 무선 마이크를 든 채로 조심스럽게 그 여자에게 다가갔다. 한 발, 두 발, 세 발, 등에 식은땀이 흘렀다. 아니나 다를까, 그 여성에게 거의 다가가니 그녀가 눈을 휙 까뒤집고 흰자위를 드러낸 채, 나를 보고 더 크게 소리 지르는 것이 아닌가?

"네가!"

내 오금이 저릴 정도로 온몸이 부르르 떨렸다. 이제 국제적으로 망신을 당할 차례인가? 내가 최근에 무슨 부끄러운 죄지은 게 없었던가? 몇 초도 되지 않을 순간, 별의별 생각이 내 머리를 번개처럼 스쳐 지나갔다.

"네가!"

두 번째 여자의 고함소리! '에라, 모르겠다! 일단 살고 보자!' 손에 든 마이크를 내 입으로 가져가 반사적으로 고함을 질렀다. 아무리 귀신들린 목소리가 커도 마이크를 든 내 목소리가 더 크니 음성으로는 일단 내가 이긴 게임이었다.

"이 더럽고 사악한 귀신아! 요사스러운 이 귀신아! 예수님이 피로 덮어놓은 죄를 네가 왜 들춰내냐?"

"예수님이 덮어놓고 용서한 죄를 니가 왜 들춰내? 입 다물어!"

두 번째 고함을 질렀다. 솔직히 말해 이 말은 내가 살려고 한 말이었다. 다급한 궁지에서 벗어나기 위한 순발력이었을 뿐이었다. 그런데 나중에 알고 보니 이 말이 진리이고 복음이었고 능력이었던 것이다.

"예수님의 피로 덮어놓은 죄를 니가 왜 들춰내냐?!"

목청 높여 크게 호통치는 순간, 그 여자가 그 자리에서 스르르 힘없이 쓰러졌다. 마치 연체동물처럼 흐물흐물하게. 바로 그 순간 나는 안도의 숨을 내쉬며 하나님께 감사의 독백을 드린다.

'아, 살았다! 아이고, 하나님 감사합니다! 체면 유지했습니다. 감사합니다. 하나님!' 그리고 나는 성도들에게 외쳤다.

"여러분, 다 같이 기도합시다! 빨리 앞으로 다 나오세요! 이분을 위해 우리 합심해서 기도합시다!"

처음에는 성도들이 주춤거리며 아무도 나오지 않았다. 혹시 그 여성이 일어나 자신들의 죄를 들쳐낼까 봐 겁이 났을 것이다. 그래도 용기 있는 몇몇 권사님들과 집사님들이 슬금슬금 모여 기도를 시작했다.

"예수님의 이름으로, 예수님의 이름으로! 더러운 귀신아! 나가거라!"

각자 할 수 있는 최고의 큰 음성으로 교회당이 떠나가도록 크게 기도했다. 악한 영을 쫓아내기 위해 기도하고 있었지만, 한편으로는 각자의 막연한 두려움을 이기기 위해 더 크게 내질렀던 고함 같기도 했다.

'저게 혹시 나한테 해코지라도 하면 어쩌지?' '다시 저 귀신이 나한테 옮겨붙을 수도 있나?'

10여 분 정도 다 같이 피땀 흘리다시피 기도하는데 누워있던 악신 들린 여성이 벌떡 일어나 앉으면서 온몸을 사시나무 떨듯이 경련을 시작했다.

머리를 마구 좌우로 흔들며 입에 거품을 물고 고함을 지르는데 그 여성의 입에서 갑자기 걸쭉한 중년 남성의 음성이 튀어나오는 것이었다. 주위에 둘러서서 기도하던 성도들은 기절초풍 그 자체였다.

"에이 00! 간다! 더러워서 못 살겠다! 내 나간다!" 하며 다시 욕을 하기 시작했다.

차마 입에 담을 수 없는 처참한 욕을 5분 동안 내뱉더니 갑자기 눈이 다시 뒤집혔다. 그러고는 털썩하고 땅바닥에 쓰러져 버렸다.

쓰러진 여성은 부르르 심한 경련을 하고 잠시 죽은 듯 조용하다가 이윽고 천천히 눈을 뜨고 이리저리 주변을 둘러보더니 갑자기 울기 시작했다.

"나 이제 해방되었어요! 이제 살았어요! 그놈이 나갔어요! 감사합니다. 고맙습니다!"

주는 영이시니 주의 영이 계신 곳에는 자유가 있느니라 _고후 3:17

엉망진창이었던 부흥 집회가 축제의 현장으로 순식간에 바뀌었다. 그날 저녁은 물론이고 다음 날 집회 때까지 온 성도가 은혜 가운데서 충만함을 누렸다.

그 교회는 여러 가지 형편이 좋지 않아 힘든 가운데 유지되고 있었는데 그 놀라운 현장을 경험함으로써 모두가 새 힘을 얻어 큰 부흥이 일어났다는 말을 후일에 들었다.

성도 모두가 고백할 수밖에 없었으리라. 하나님의 임재하심을 봤다! 예수님 이름의 능력을 두 눈으로 똑똑히 봤다! 어느 한 사람의 능력이 아니라 모두 함께 모여 기도했을 때, 하나님이 전격적으로 응답하신 것을 경험한 것이다.

이 일은 교회에 힘이 되었고 은혜가 되었고 능력이 되었다.

나중에 듣고 보니 이 여성은 어릴 때부터 교회는 다녔으나 그다지 신앙이 깊지 못한 상태에서 결혼을 했지만 시댁도 여러 가지 복잡한 사정으로 안정된 집이 아니었다.

결혼 후 이 여성은 원인 없는 육신의 고통이 너무 심해 점을 봤는데, 점쟁이가 내림굿을 받고 무당이 되어야 한다고 했다.

"신을 받아야 니가 산다! 신 받아라! 내림굿 받아야 니가 살아!"

하지만, 이 여성은 죽어도 신내림은 받고 싶지 않았다. 몸은 계속 아프고 가정은 갈수록 엉망진창이었다. 그래도 살고 싶었다.

그러던 차에 누군가 이 여성에게 교회에 나가도록 권면을 했다.

"새댁, 교회 나가면 살아요! 살 수 있어! 교회 나가!"

'그래, 그럼 교회 나가서 신내림 받으라는 이 귀신을 쫓아내 보자! 뭔가 방법이 있겠지'

그런 절박한 마음으로 교회에 나와서 남모르게 사투를 벌인 것이었다. 성도들은 이 여성의 형편과 사정을 전혀 몰랐다. 그러다 결국 부흥회 둘째 날, 이 여성을 장악했던 악한 귀신이 온 성도의 기도의 힘으로 떠나가게 되었다.

"저희 시댁은 대대로 내려오는 귀신이 있었나 봐요. 할머니가 신들려 점을 봐서 생계를 유지했다는데 시어머니에게까지 들어와 살았답니다. 시어머니가 돌아가실 때가 되니 이제 저한테 들어와 살려고 농간을 부렸는데, 이제 저는 예수님으로 자유해졌습니다."

그렇다. 사람은 태어나서 죽고, 태어나서 죽기를 반복하지만 귀신은 영적인 존재라 죽지 않는다. 그러다 보니 한 집안에서 오랫동안 살며 누구보다 그 집안의 역사를 속속들이 알고 있다. 필요할 때마다 귀신들은 사람을 속이며 기만한다.

"너네 할머니가 이랬지 않아? 지금 묘 터를 잘못 써서 할머니가 울고 계신다!"

"할아버지 제사를 지내지 않으니 이승을 떠돌며 굶고 계신다!"

"꿈에 아버지가 자꾸 보이는 이유는 니가 교회에 나가서 진노하신 거다!"

집안과 개인의 모든 사정을 다 알며 꿰뚫고 있는 귀신들이 무당과 협력하여 사람들을 속이고 장악하려고 발버둥을 치고 있다.

"예수님이 덮어놓은 죄를 네가 왜 들춰내냐?"

그 상황을 모면하기 위해 급하게 외친 말이었지만, 이 한 마디가 위대한 복음이었다. 주님께서 다 덮어놓으시고 구속하신 놀라운 속죄와 구원의 확증이었던 것이다.

악한 마귀는 지금도 우리를 정죄하고 넘어뜨리려고 하지만 이 위대한 무조건적인 속죄의 은총 앞에 우리 모두가 자유해지기를 소망한다.

2. 나를 무시해? 사람이 이것밖에 없어?

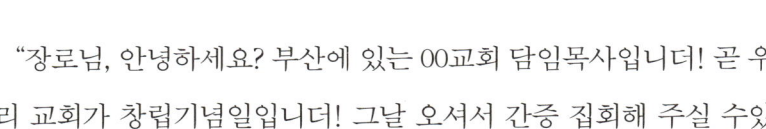

"장로님, 안녕하세요? 부산에 있는 00교회 담임목사입니더! 곧 우리 교회가 창립기념일입니더! 그날 오셔서 간증 집회해 주실 수 있습니꺼?"

이를 어쩌랴? 이미 그 날짜는 의정부에 있는 교회에 집회가 예정되어 있었다.

"아, 목사님! 죄송합니더. 그날은 이미 집회가 잡혀있네요. 죄송합니더!"

"아따, 무슨 방법이 없겠습니꺼? 꼭 장로님을 초청해야 합니더! 방법 좀 찾아봐주이소!"

일정이 있다고 하면 보통 전화를 끊기 마련인데, 이 목사님은 막

무가내였다.

"장로님, 정 그러시다면 의정부에 있는 교회 목사님 전화번호를 좀 주이소. 제가 직접 전화해서 제 사정을 말씀드리고 양보를 받겠습니더! 괜찮겠지예?"

"아이고. 목사님, 사정은 잘 알겠는데 그건 예의가 아닙니다! 전화를 한다 하더라도 제가 해야죠. 알아보고 연락드리겠습니다."

전화를 끊고 조심스럽게 의정부에 있는 목사님께 전화를 드렸다. 천만다행으로 아주 시원시원하게 대답을 한다.

"아, 그렇습니까? 창립기념일 집회라면 중요한 날일 텐데 당연히 제가 양보해야죠. 우리는 다음으로 연기해도 좋습니다."

이렇게 정리가 되었다. 부산에 있는 목사님은 한껏 신이 난 듯 했다.

약속된 날짜가 되어 부산으로 향했다. 막상 도착해 보니 교회의 분위기가 이상했다. 창립기념일 특별 간증 집회라는데 썰렁하기 그지없다. 황량한 느낌.

'이게 뭐지? 창립기념일 맞나? 뭐가 이렇게 썰렁하노? 사람도 별로 안 보이고..'

예배 전 찬양이 시작됐다. 얼마 되지 않은 교인들은 목사님의 인도에 따라 열심히 찬양하고 있었다. 강대상 의자에 앉아 티 나지 않게 옆으로 목을 살짝 빼고 예배당을 살펴보았다.

'어디 보자, 몇 명이고? 이리 헤아려 봐도 열 댓명, 뒤로 세어봐도 열 댓명, 나중에 교회 차량으로 한꺼번에 몰려올라나?'

대표 기도가 끝났는데도 그 인원 그대로였다. 그때부터 속이 부글부글 끓기 시작했다.

"장로님, 장로님! 은혜 받았습니다! 정말 대단하세요!"

"장로님, 어쩜 그렇게 말씀을 잘하세요! 너무 멋져요!"

가는 곳마다 사람들에게 이런 찬사와 칭찬을 받다 보니 나 스스로 꽤 잘난 유명 강사라는 착각에 사로잡혀 있었다는 것을 그때는 스스로 모르고 있었다.

'아니, 날 뭘로 보고? 사람을 요렇게 밖에 안 모아놓고 부산까지 불러서 집회를 한단 말인가?' '게다가 다른 교회의 일정까지 바꾸어 가면서 나를 불러놓고 기껏?' 강대상에 서서 열심히 찬양을 인도하고 있는 목사님의 뒷모습을 보고 있자니 더욱 부글부글 속이 끓어오른다. 내 얼굴은 벌겋게 달아오르고 표정 관리가 되지 않았다.

짜증과 불만으로 속이 부글거리던 바로 그 순간에 나의 내면에서 울려오는 고함 같은 음성이 나를 강타했다.

'네가 뭔데? 니가 스타야? 니가 가수냐? 네가 뭔데?'

'내가 사랑하는 내 백성들 숫자를 가지고 네가 왜 판단하나? 저들 하나하나가 귀한 내 백성이다!'

'너 그렇게 까불면 내가 너에게 준 모든 은혜를 지금 이 순간에 완전히 걷어 갈 수도 있다! 까불지 마라!'

벼락같은 진노에 찬 꾸중이었다. 전기에 감전된 듯 벌떡 일어났다. 도저히 의자에 앉아 있을 수가 없었다. 일어나자마자 뒤로 돌아서서 조금 전까지 폼 나게 앉아 있던 그 의자 앞에 꿇어앉아 얼굴을 처박았다.

'내가 너에게 준 모든 은혜를 거두어 갈 수 있다!' 두려운 이 말씀을 느끼는 바로 그 순간, 성령님은 여지없이 은혜를 베풀어주셨다. 돌이켜 회개하는 자에게 주시는 은혜와 눈물, 감동이 쏟아져 내리기 시작했다. 그렇다. 죄가 있는 곳에 은혜가 있다고 하셨던가.

"하나님, 죄송합니더! 제가 잘못했습니더. 용서해 주이소."

엎드려 회개하고 일어나 보니 앉아 있는 성도들이 너무나 달리 보였다. 내 눈에는 더 이상 열댓 명이 아니었다. 사람의 숫자는 온데간데없고 성령님의 임재하심 밖에 보이지 않는 듯했다.

온 예배당에 성도들과 함께 천군과 천사가 가득 차 앉을 자리조차 없어 보이는 은혜의 물결이었다.

그렇게 꿈꾸는 듯한 감동의 집회를 은혜 가운데 마치고 돌아왔다. 그런데 더 놀라운 일은 이후에 연속하여 일어났다. 신묘막측하신 하나님의 확인 작업!

그다음 주일부터 3일간 서울 사당동에 있는 개척교회에서 간증 부흥회가 예정되어 있었다. 친한 목사님의 소개로 가게 된 교회였다.

도착해서 보니 지하 2층에 위치한 30평 남짓한 교회였다. 교회에 들어가 보니 목사님과 사모님, 성도 세 사람, 이렇게 총 5명이 앉아 있었다. 이 5명과 3일 동안 부흥회를 해야 하는 것이다.

'아, 그랬구나! 하나님, 정말 감사합니다!' 내 입에서 감사의 기도가 터져 나왔다. 만약 지난주, 부산의 그 교회에서 내게 베풀어주신 은혜를 깨닫지 못했다면 어떤 일이 일어났을까? 강대상에 서서 이들과 마주하는 순간, 머릿속이 번쩍하며 뜨거운 눈물이 나기 시작했다.

"너 이 상황에서도 성의를 다 해 집회할 수 있겠냐?"

여호와의 구원은 사람이 많고 적음에 달리지 아니하였느니라
_삼상 14:6

하나님의 정확한 확인 작업이 분명하였다. 정신이 번쩍 들었다. 한 영혼, 한 영혼이 너무 귀해 보였다. '이때야말로 하나님 앞에 내신 성적을 가장 두둑하게 딸 수 있는 기회다! 천하보다 귀한 한 영혼에 대한 하나님의 마음을 알게 하시려는구나!'

우리는 수만 명이 모여 기도하는 어느 부흥 집회보다 더욱 뜨겁게

찬송하고 기도하기 시작했다.

그렇게 그날 저녁을 최고의 은혜로 보냈다. 다음 날도 퇴근하자마자 저녁도 먹는 둥 마는 둥 하고 지하에 있는 교회로 달려갔다. 너무 기쁜 발걸음이었다. 그날도 나를 포함한 여섯 명의 예배자! 그러나 우리는 어제보다 더 열심히 기도하고 찬양했다. 은혜가 더욱 넘치는 밤이었다.

그런데 마지막 날, 교회에 도착하니 이게 웬일인가?

'세상에, 17명의 성도들이 모여 앉아 찬송을 하고 있지 않는가? 6명에서 17명? 이게 무슨 일이고?' 한 명이 모자란 300%의 부흥이 일어난 놀라운 일이었다.

그날, 거기에 모인 모든 사람은 말로 다 할 수 없는 하나님의 한량없는 은혜 가운데 감사와 기쁨의 노래를 불렀다.

집회를 마치고 돌아오는 길, 내 마음은 하늘을 날고 있었다. '하나님, 정말 감사합니다. 지난날의 제 교만함을 꾸짖어 주셔서 감사합니다. 앞으로 일생 다할 때까지 절대 교만하지 않겠습니다. 성도들의 숫자를 묻지 않겠습니다. 부르시는 곳은 어느 곳이나 달려가겠습니다! 한 영혼이 천하보다 귀함을 절실히 깨닫게 해 주셔서 감사드립니다.'

하나님과 굳게 굳게 약속했다. 그리고 얼마 지나지 않아 이름난 큰 규모의 교회에서 부흥 집회 요청이 왔다. 모든 강사들이 가고 싶어 하는 그런 시간이 내 눈앞에 펼쳐졌다. 예배당을 꽉 채운 어마어마한 많은 성도들!

"할렐루야!" 한 마디만 하면 "아멘!" 쓰나미처럼 되돌아오는 엄청난 함성과도 같은 화답. 꿈을 꾸듯 집회를 했다. 구름 위를 밟는 기분이 이렇다고 해야 할까? 참 행복한 시간이었다.

3일 동안, 은혜 가운데 집회를 마치고 강사로서 대접도 융숭히 받고 행복한 시간을 보냈다.

"아, 좋다!"

늦은 시간 집으로 돌아오는 길이었다. 그날 밤, 내부순환도로가 유난히 막혔다. 도로가 주차장 같았다. 나의 육체도 피곤에 젖어 졸음이 쏟아졌다.

'아이고, 졸려서 안 되겠다. 이러다 사고 나겠네! 갓길에 주차하고 눈 좀 붙여야 하겠네.'

마침 도로 갓길에 여유 공간이 있어 주차를 하고 의자를 뒤로 젖혔다. 막 잠을 청하려는 순간, 이런 마음이 들었다.

'그래도 부흥 집회를 은혜롭게 마쳤으니 감사 기도부터 좀 해야겠다.'

3일 동안 분에 넘치는 환대와 수많은 성도와 함께 물결치는 듯한 은혜를 체험했으니까 당연히 감사를 드려야지 하는 마음으로 젖힌 의자를 다시 세우고 하나님께 기도했다.

"하나님, 너무 고맙습니다. 지난 3일간 원도 한도 없는 은혜를 맛보게 해 주셔서 감사드립니다. 성도들과 함께 은혜를 나누고 귀한..."

기도를 시작하는데, 갑자기 눈물이 쏟아졌다. 전혀 생각지도 않은 기도가 나의 입으로 터져 나오기 시작했다.

"하나님, 하나님.. 지난 3일 참 감사합니다. 꿈같은 시간을 보냈습니다. 그러나 하나님, 오늘 이 시간부로 그 물결치는 함성을 잊게 해 주시옵소서. 엄청난 성도들의 숫자도 생각나지 말게 하옵소서. 제가 받았던 그 융숭한 대접도 다 잊게 해 주시옵소서."

"처음 이 사역을 출발할 때처럼 낮은 자리에서 겸손히 사명을 감당할 수 있도록 오늘 이 시간, 제 머릿속에 모든 것들을 다 지워주시옵소서!"

눈물과 함께 시작된 차 안에서의 나 홀로 부흥회는 은혜 위에 은혜였다.

얼마나 많이 울었는지, 얼마나 많이 감사했는지, 굳은 결심을 하고 주님 사랑에 얼마나 감동했는지.... 그때를 생각하면 가슴 벅찬 감격이 아직도 밀려온다. 그날 이후로 나는 비로소 한 단계를 넘어섰다.

주께서 선한 것이 무엇임을 네게 보이셨나니 여호와께서 네게
구하시는 것은 오직 정의를 행하며 인자를 사랑하며 겸손하게
네 하나님과 함께 행하는 것이 아니냐 _미 6:8

이후에도 하나님께서는 이 은혜를 잊지 않도록 계속해서 확인점
검을 하셨다. 가끔씩 교만해지려고 하거나 이 마음이 흔들리려고 하
면 어김없이 가장 어려운 처지에 있는 교회로 나를 부르셨다.

폭설에 덮여 오도 가도 못 했던 깊은 두메산골, 10명도 채 안 되는
시골교회, 배로 바다를 건너가야 하는 섬마을로 그렇게 부르시며 계
속 물어 오시는 듯했다.

'너 이래도 마음이 변치 않겠니?' '이래도 괜찮냐?' 끊임없이 물으신
다. 하지만 이제는 그 은혜와 사랑을 잘 알기에 어느 곳, 어느 장소
를 가도 내 마음은 변함이 없다. 하나님의 마음과 의도를 더 깊이 알
게 되었기 때문이다.

'큰 교회' '작은 교회'라는 말은 존재하지 않는다. 하나님은 수만 명
이 모이는 교회나 다섯 명이 모이는 교회나 똑같이 사랑하신다. 오
히려 깊은 산골과 어촌, 연로하신 분들 몇 명 안 되는 시골 교회를 더
가슴 아프게 절절히 사랑하시는 것인지도 모른다.

지금까지 수천 교회를 다녀보았다. 그리고 이제는 깨달아진다. 교

회는 한 영혼을 천하보다 귀하게 여기시는 신실하신 하나님의 사랑의 선포이시기에 외모로 판단됨을 허락지 않으실 것을. 하나님은 우리 모두에게 오늘도 질문하고 계실 것이리라.

"너 이래도 괜찮냐? 아직도 겸손하게 나를 사랑하니?"

3. 평신도 사역자가 목회자와 다른 이유

1992년도부터 간증 사역을 시작한 지 30여 년이 훌쩍 넘었다. 많은 사람이 묻곤 한다.

"아니, 장로님 30년이 넘게 거의 같은 내용을 간증하시는데, 어떻게 그 은혜를 유지하십니까? 힘들지 않으세요?"

자주 들어보는 질문이다. 사람들이 신기해할 법도 하다. 그러나 거기에는 아무도 모르는 나만이 알고 있는 비밀이 있다. 그렇기에 이 기나긴 사역이 가능했다.

오늘 그 은혜로운 비결의 문을 열어본다. 간증 사역을 시작한 지 5년쯤 되던 그 당시, 언제부터인가 시작된 내면의 갈등으로 인한 혼란이 날이 갈수록 심각해졌다.

처음에는 아무것도 모르고 이 교회, 저 교회에 부름을 받아 청송 감호소가 어떻고, 은혜가 어떻고, 흉악범의 변화가 이러하고 등등의 간증을 할 때마다 신이 났다.

많은 사람이 기뻐하고 은혜를 받고 하던 그 5년간은 정말 정신없이 열정적으로 사역을 했었지만 언제부터인가 서서히 허전함과 회의감이 찾아오기 시작했다.

'뭐지? 지금 내가 뭐 하는 거야? 늘상 똑같은 이야기를 이렇게 반복하고 또 반복하는 나는 누구지? 내가 광대도 아니고 레코드판도 아니고, 나 지금 뭐 하고 있는지 모르겠네?'

이러한 생각이 스치자마자 그때부터 슬슬 짜증이 나기 시작했다. 직장에서 퇴근하자마자 초청받은 교회로 달려가야만 하고, 때론 식사도 거른 채로 간증을 마치고 늦은 밤, 어두운 시골길을 달리는 일도 예사였다.

밤길을 달려 고단한 몸을 이끌고 집으로 돌아와 누우면 곯아 떨어지기 일쑤였다. 어김없이 다음 날은 찾아오고 출근과 퇴근, 집회는 반복되었다.

워낙 같은 내용을 수없이 반복하다 보니 다음에 내가 해야 될 행동까지도 머릿속에 다 입력되어버릴 정도로 익숙해져 갔다. 결국 나는 매너리즘에 빠지기 시작했다. 어느 날, 성경을 읽다가 무서운 말씀의 경고가 눈에 확 띄었다.

'내가 내 몸을 쳐 복종하게 함은 내가 남에게 전파한 후에 자신이 도리어 버림을 당할까 두려워함이로다' _고전 9:27

이 말씀을 보는 순간, 등골이 서늘했다. '헉, 이게 나일 수도 있겠구나.'

그 당시 내 심령은 서서히 메말라 가고 있었다. 강단에서 부르짖어 외치기는 하지만 그것은 기계적으로 반복되는 말일뿐이지, 내 심령, 영혼에 젖어드는 은혜는 점점 사라져 가는 것 같았다.

'아, 진짜 안 되겠다..... 이러다가 내가 먼저 사그라지겠다'

결국, 결단을 내리고 아내에게 말했다.

"여보, 이제 더 이상 집회는 안 할라요! 이러다 내가 먼저 무너지겠소!"

"와요?"

긴 설명을 하는 것이 답답하고 애매하여 대충 얼버무리면서 아내에게 선포를 했다.

"5년 동안 이렇게 열심히 했음 할 만큼 했잖아. 이제 직장에 충실해야 할 거 같아. 하나님도 다 이해해 주실 거요!"

"아이고, 소영이 아빠! 기도하고 결심했으면 그렇게 해야지예. 뜻대로 하이소."

"그래, 올해까지 잡혀있는 일정만 집회하고 내년도 집회는 일정을 잡지 않아야 하겠네! 이제 우리 교회의 섬김과 직장에 집중해야 하겠소."

그해 연말이 다 되어 가던 중 미리 예정되었던 3박 4일간 부흥회를 인도하기 위해 시카고로 가게 되었다. 먼 나라에서도 열심히 신앙생활하시는 성도들과 함께 호흡하며 최선을 다해 은혜를 나누었다.

올해까지만 간증 집회를 하기로 마음을 먹은 터라 더욱 혼신의 힘을 다했다.

집회 기간 내내 교회와 숙소, 식사 장소 이동 등을 할 때 차량으로 운행을 해 주던 목사님은 안수를 받은 지 1~2년 정도밖에 되지 않는 젊은 분이었다. 맑고 재치있는 목사님과 짧은 시간이었지만 많은 이야기를 나누며 오랜 벗처럼 친숙한 관계가 되었다.

집회 마지막 날, 부흥 집회를 마치고 숙소로 돌아오는 차 운전석에서 그 목사님이 실내 거울을 계속 흘끔거리며 뒷좌석의 내 표정을 살피듯이 보고 있었다.

'뭐지? 할 말이 있으신가? 왜 자꾸 날 쳐다보지?'

자연스레 나도 룸미러를 슬쩍 바라보며 목사님의 시선을 훔쳐보

왔다.

'내가 교도관 짬밥이 얼만데, 딱 보니까 나한테 무슨 할 말이 있구만! 귀신은 속여도 내는 못 속이지!'

좁은 차 안에서 거울을 통한 어색한 눈 맞춤이 몇 번 반복되다가 내가 먼저 물었다.

"허허! 목사님, 제게 무슨 하실 말씀이 있습니까?"

젊은 목사님은 당황하는 듯했으나 곧장 대답했다.

"아, 예! 그렇지 않아도 꼭 드리고 싶은 말씀이 있는데, 이 말을 해야 하나 말아야 하나 그동안 고민하고 있었습니다."

"그래요? 그럼 해 보세요."

젊은 목사님은 조심스럽게 입을 뗐다. 그런데 그 첫 마디에 내 동공은 확장되기 시작했고 온몸이 굳을 정도로 충격을 받았다.

"장로님, 며칠 동안 은혜를 많이 받았습니다! 그런데 한 가지 아쉽고 안타까운 것이 있습니다. 장로님의 이 아름다운 간증이 머지않아 소멸돼 버리고 이 땅에서 사라질 걸 생각하니까 마음이 아픕니다!"

'뭐라고? 내가 잘못 들었나? 아니! 젊은 목사님이 자신보다 한참 연배가 높은 내게 이런 무례한 말을 하다니!' 놀라움보다는 은근 화가 치밀었다.

'아니, 아무리 그래도 부흥회 강사에게 간증이 뭐 사그러져? 황폐

해져? 이 양반 정말 제정신인가? 평신도라고 무시하나? 아주 건방지고 무례하네.'

그런데 바로 그 순간 내 생각이 번쩍 다른 쪽으로 방향이 바뀌었다.

'아니야! 저분이 참 예의 바르고 아주 겸손한 목사님이던데 내게 저렇게 무례한 말을 던질 때는 무언가 답을 가지고 있을 것 같은데, 어디 한 번 들어나 볼까?'

이런 마음이 들었다. '그래, 뭔가 답이 있으니까 저렇게 돌직구를 던지지…. 답 없이 그런 이야기를 무례하게 할 리가 있겠나? 한 번 들어나 보자.'

"목사님, 그렇지 않아도 제가 요즘 상당히 갈등을 겪고 있는 중입니다. 사실 올해까지만 집회를 하고 내년부터 그만두기로 마음먹고 있는 중이거든요. 무슨 뭐 특별히 하실 말씀이 있나요?"

그제야 젊은 목사님은 안도의 한숨을 내쉬었다.

"제가 장로님에게 이 말씀을 진작 드리고 싶었는데 예의가 아니고 무례할 것 같아서 그동안 입을 다물고 있었습니다. 하지만 오늘이 마지막 날이라 꼭 이 말씀을 드려야겠다는 생각이 들었습니다."

"만약 장로님께서 언짢아하시고 기분 나빠하시는 것 같으면 제가 즉각 'I'm sory, 죄송합니다' 하고 입을 다물려고 했는데 마침 제 말을 들어보겠다고 하시니까 일단 제가 마음이 놓입니다!"

이렇게 하여 우리는 이미 불이 꺼진 호텔 커피숍에 단둘이 앉아 놀라운 대화를 이어가게 되었다.

"장로님, 제가 중고등학교 다닐 때 아버지가 교회 집사님이었습니다. 어느 날 아버지가 놀랍고 강력한 성령의 불을 받으셨습니다. 이것이 소문이 나서 인근 교회의 집회에 강사로 초청되곤 했습니다.

아버지가 손만 대면 병자가 그 자리에서 낫고, 안수기도만 하면 방언이 터지고 온 교회가 회개로 뒤집어지는 일들이 나타났습니다. 정말 온 지역에 난리가 났습니다."

"그런데 장로님, 우리 아버지가 그 당시 좀 더 교양이 있고 배우신 분 같았다면, 하나님이 주신 능력과 권능을 잘 다듬어 한국을 대표할 만한 평신도 간증자가 되었을 텐데요. 영적이나 성경적인 체계 없이 평생 농사만 짓던 분이 덜컥 그런 은혜를 받고 보니 자기 관리가 안 되었던지 문제가 생기기 시작했습니다."

"교회에 가시면 성령의 은혜를 모든 교인들에게 풍성하게 나누던 주시던 분이 언제부턴가 집안에서부터 변하기 시작했습니다."

"간증자로 사역하신지 1년이 조금 지나며 집에서 짜증을 내는 횟수가 점점 늘어나기 시작했습니다. 밥상을 그냥 엎어버리기도 하고 심지어 어머니에게 손찌검까지 하시더라구요. 저는 정말 믿을 수가 없었습니다."

"그런데, 밖에만 나가면 성령이 충만해져 기적 같은 놀라운 일들을 행하더라구요.. 저는 진짜 그런 상황이 이해가 안 됐습니다.

'이건 뭐지? 하나님의 성령이 역사하면 이런 식으로 될 수가 없는 거 아닌가? 집에 들어오는 순간 폭군이 되고 나가면 성자가 되는 게 가능한가?'"

그러던 아버지는 얼마 가지 않아 돌아가셨다고 한다. 하지만 젊은 목사님은 오랫동안 풀지 못하는 수수께끼를 안고 살아왔다고 한다. 목사가 되고 나서도 그 의문은 떠나지 않았다고 한다.

'우리 아버지는 왜 그러셨을까? 우리 아버지의 그 영적 비밀은 뭘까?'

'성령일까? 악령일까? 아니면 흔히 말하는 양신 역사이었을까?'

오랜 시간의 고민 끝에 비로소 얼마 전에 그 답을 찾았다는 것이다. 아버지의 비밀에 대한 눈을 뜨고 이어서 나를 이번 부흥회에서 만나게 되었다는 것이었다.

"장로님, 장로님을 뵈니까 아버지 생각이 났습니다. 물론 장로님은 제 아버지와 모양은 전혀 다르지만, 아버지가 가신 그 길을 비슷하게 갈 수밖에 없는 운명입니다."

'무슨 청천벽력 같은 소리야? 이쯤 되면 무례함의 극치가 아닌가? 에이, 목사님의 폭군 아버지랑 내랑은 아니지....내가 그렇게 된다꼬? 설마....그거는 아니지' 젊은 목사님은 내 마음을 읽었던 것일까?

바로 말을 이어갔다.

"장로님, 오해는 하지 마세요! 물론 우리 아버지처럼 황포하고 폭력적이시지 않습니다. 당연하죠! 그건 아니지만 평신도 사역자로서 가는 길이, 그 패턴이 거의 같다는 거예요."

"제가요? 왜요?"

"평신도 사역자의 운명입니다. 운명!"

"장로님, 목사와 평신도 사역자의 차이가 뭔지 아십니까?"

젊은 목사님은 이제 신학 교수처럼 말하기 시작했다.

"극단적인 예를 한 번 들어보겠습니다. 어느 목사님의 영성이 제로가 되었다고 쳐보겠습니다. 더구나 말씀을 전하기 전, 사모님과 대판 전쟁을 치렀습니다. 피폐해진 심령이 되어버렸을 겁니다. 하지만 말씀을 전하기 위해 강단에 올라왔습니다. 그래도 다행인 것은 말씀을 들고 섰기 때문에 말씀이 앞서가시기 때문에 본인의 연약함과 본인의 황폐함도 말씀을 뒤따라가다 보면 그나마 커버가 될 수 있습니다. 그런데 평신도 간증자들은 말씀이 아닌 다른 것을 들고 섭니다."

"뭐죠?"

"장로님, 평신도 간증자들은 자신들의 삶을 이야기합니다. 자신이 겪은 경험만을 말합니다. 그렇기 때문에 자신의 영성이 펑크가 나고 황폐해져 버리는 순간, 설 곳이 없어집니다."

"장로님이 내년부터 집회를 하지 않겠다는 것도 이미 장로님의 메말라 가고 있는 마음이 계속 신호를 보내고 있기 때문입니다. 장로님도 이미 많은 간증자가 가는 그 길을 뒤따라 걷고 있는 겁니다."

나는 뒤통수를 한 대, 아니 몇 대를 연달아 이어 맞은 듯 멍한 상태가 되고 말았다.

"장로님, 그래도 장로님은 아직은 소망이 있습니다!"

이 말을 듣는 순간 그나마 마음의 위로가 되었다.

"장로님은 간증의 주제가 많습니다! 보통 다른 분들은 간증의 테마가 거의 일정합니다. 돈 벌었던 이야기, 전도한 이야기, 병 고친 이야기, 고침 받은 이야기, 능력 받은 이야기 등 테마가 제한됩니다. 반복하다 보면 나중에는 스스로 무기력증에 빠져 시들어가게 됩니다."

들을수록 신선한 충격을 받았다. 목사님은 계속 말했다.

"장로님은 재소자들 한 명, 한 명과 나누었던 삶과 그들의 변화 자체가 각각 하나의 간증 거리가 됩니다. 장로님이 겪으셨던 사건 모두가 간증이 되다 보니 다른 간증자들에 비해 수명이 길어졌던 겁니다. 하지만 장로님에게도 언젠가 한계는 옵니다!"

"그리고, 장로님 간증을 많이 버리십시오!"

"네? 간증을 왜 버립니까? 간증을 더 많이 수집하고 더 많이 보강해서 간증 거리를 많이 만들어야지요! 왜 간증을 버립니까?"

나는 의아한 표정으로 반문했다. 그는 계속 말을 이어갔다.

"아닙니다! 간증을 버려야 됩니다! 사실 장로님 간증이 참 재미있고 스릴이 있습니다! 또 쇼킹합니다! 청송 감호소 죄수들이 칼로 자기 배를 막 가르고 창자가 튀어나오고 눈알을 파내고 살을 찢고 혓바닥을 깨물어 혀가 잘리는 이야기들은 너무 재밌고 쇼킹한 이야기죠. 생전에 들어보지 못한 너무나 놀라운 것입니다만...."

'꿀깍', 목사님이 무슨 말을 할까 궁금하여 나도 모르게 메마른 침이 목구멍을 넘어갔다.

"그러나 한 가지 아셔야 됩니다. 들도 보도 못한 쇼킹한 이야기가 복음의 능력을 가려 버립니다! 하나님의 은혜, 복음의 놀라운 변화, 아름다운 하나님의 사랑의 이야기가 오히려 빛을 잃어버리게 됩니다. 그런 섬뜩한 이야기가 너무 강렬하게 남아 오히려 복음의 능력을 덮어 버리게 된다는 것입니다."

"장로님의 간증 속에서 하나님의 은혜와 복음의 역사, 구원의 은총, 새롭게 변화되는 죄인들의 삶을 간추려 하나님 말씀과 엮어보세요!"

"물론, 장로님이 지금까지 성경을 많이 읽으셨겠지만 오늘 이후로 더욱 성경을 더 많이 읽으셔야 합니다. 구약 따로, 신약 따로, 심지어는 거꾸로도 읽어보며 성경 속 말씀이 장로님의 어느 간증과 연결이 되느냐? 이것을 빨리 찾으셔야 합니다!"

"하나님 말씀과 연결고리가 맺혀지지 않고 사람의 힘으로 하는 간증은 필연적으로 우리 아버지가 그러셨던 것처럼 메말라 버리고 자신을 파괴하게 됩니다!"

"일가족 5명을 살해하고 암매장한 호성이 이야기를 예로 들어보면, 그 엄청난 영적인 세계는 에베소서 6장의 말씀을 의지하여 전해야 합니다."

"우리의 씨름은 혈과 육을 상대하는 것이 아니고 정사와 권세와 이 어둠의 세상 주관자들과 하늘의 악한 영들과의 영적 전쟁이라!"

"이 말씀과 간증을 연결하면 세상 누구도 뗄 수 없는 하나님의 말씀의 능력이 간증 속에서 역사하게 됩니다. 계속해서 말씀을 묵상을 하십시오. 그렇게 되면 말씀의 은혜가 위로부터 그 간증에 기름 부으심이 될 것입니다. 백 년, 천년이 지나도 결코 메마르지 아니하는 하나님의 은혜가 공급될 것을 확신합니다! 장로님의 모든 간증에서 이것을 반드시 찾으십시오."

온몸에 전율이 흐르기 시작했다.

"장로님 마지막으로 한 가지 명심하십시오! 수많은 간증자가 이 땅에 있습니다! 그러나, 기억하십시오! 간증은 절대 진리가 아닙니다! 간증은 결코 진리가 아닙니다!"

"진리는 예나 지금이나 영원토록 하나님 말씀만이 진리입니다. 천하에 없는 어떤 뛰어난 간증도 결코 진리가 될 수가 없습니다! 그저 한 사람의 개인이 겪은 경험일 뿐입니다! 삶의 고백일 뿐입니다! 그런데도 적지 않은 간증자들이 자신의 간증을 진리인 것처럼 착각해 버리는 경우가 많습니다. 또 성도들마저도 이를 진리인 것처럼 받아들이곤 하는데, 그때부터 혼란이 생기기 시작하게 됩니다."

"간증은 각자가 개인적으로 체험할 수 있는 개인의 이야기이기 때문에 항상 참고사항이지 진리가 될 수가 없습니다! 장로님, 명심하십시오!"

나는 그 젊은 목사님 앞에 무릎을 꿇고 싶어졌다. 우리 두 사람의 숨소리밖에 없는 커피숍이 갑자기 엄숙하게 느껴졌다. 나는 젊은 목사님의 입술만 쳐다보고 있었다.

"장로님, 간증은 사람의 생각이나 마음과 의식 속에는 들어갈 수 있습니다! 그러나 결단코 영은 건드리지 못합니다. 영혼까지 뚫고 들어가는 것은 하나님 말씀밖에 없습니다!"

"장로님, 아깝지 않습니까? 좋은 간증을 전하면서 기껏 사람의 마음만 즐겁게 하고 감정이나 감동으로 끝난다면 너무 아깝지 않습니까? 이제 장로님의 간증은 영을 뚫고 들어가야 됩니다! 그런데 어떡합니까? 여기에 평신도 간증자의 한계가 있습니다."

"영은 '하나님의 말씀' 외에는 파고 들어갈 수 없습니다! 장로님의 간증만으로는 절대 못 뚫습니다! 장로님이 그 영을 뚫어보겠다고 설교를 한다면 그길로 장로님의 생명은 거의 끝입니다! 장로님으로 부름받은 그 영역 안에서는 결코 장로님은 설교하려고 덤벼들면 안 됩니다!"

이제 젊은 목사님의 말 한마디, 한 마디에는 감히 거부할 수 없는 힘이 실려 오고 있었다.

"장로님을 교회가 부르신 이유는 담장 속, 수많은 죄수들의 이야기, 고통과 아픔 속에서 하나님을 만나 변화된 이야기를 듣고 싶어 하는 것인데, 장로님이 강단에서 설교자가 되어 버리면 그때부터 아무도 장로님을 찾지 않을 것입니다."

'그럼 나더러 어쩌란 말인가? 간증은 영혼을 건들지 못해, 그렇다고 설교는 하면 안 된다니...'

내 마음을 읽었다는 듯 목사님의 마지막 펀치가 날아들었다.

"장로님, 간증과 연결된 하나님 말씀을 항상 묵상하고 가슴에 담고 있다가 어느 시점쯤 되어서 성도들도 목사님도 눈치채지 못할 상황에서 재미있는 이야기처럼 이 '말씀'으로 짧은 시간에 모든 성도들의 영혼을 뚫으십시오!"

"그러고는 2~3분 이상 말씀에 머물러 있으면 안 됩니다. 빨리 빠져나와서 말씀으로 뚫어놓은 그 성도들의 영적 구멍 속에 재미있는 장로님만의 특유의 간증을 막 쏟아부으십시오!"

"함께 웃고 울고 즐거워하고 행복해하고 놀라다가, 마지막으로 또 눈치 못 차리게 그 말씀으로 그 뚫어진 구멍을 용접을 해야 합니다. 세상 말로 빵꾸를 때워 놓아야 합니다."

"다른 간증은 그냥 듣고 잊어버리고 기억에서 사라져 버릴 수 있습니다. 하지만 이렇게 말씀으로 눈치채지 못하게 뚫어놓은 그 영적인 세계 속에 간증을 집어넣고, 다시 말씀으로 그 구멍을 메운다면 사람은 잊어버린다 할지라도 말씀은 영원합니다. 언젠가 어느 성도가 에베소 말씀을 읽던 중, 이 말씀을 읽을 때 바로 말씀과 그 심령 깊이 영혼 깊이에 들어가 깊숙한 곳에 보관된 장로님의 간증으로 연결되지 않겠습니까? 그때, 다시 새로운 소망을 가지고 결단하게 될 것입니다."

아, 정말 놀라웠다.

"장로님, 앞으로 그렇게만 된다면 장로님은 똑같은 간증을 수백 번 해도 그때마다 말씀의 권능과 기름 부으심이 함께하기 때문에 매번 새로워지는 주의 은혜가 있습니다!"

말이 끝나기가 무섭게 나는 젊은 목사님을 향해 외쳤다.

"사부님! 감사합니다."

그날 이후로 나는 다시 힘을 얻었다. 다시 말씀을 보고 다시 기도

하고 그때마다 눈물로 새로운 준비를 하기 시작했다.

'아! 내가 했던 호성이의 간증, 영호의 간증, 종화의 간증, 태호의 간증이 이 말씀과 연결되었구나! 바로 이 말씀이었구나! 이 말씀의 권능 안에서 이런 일들이 이루어졌구나!'

지금까지는 어떤 현상을 보고 말씀을 찾았지만, 이제는 달라졌다. 이제는 말씀 안에서 역사하시고 말씀의 능력이 빚어낸 우리 삶의 이야기인 것을 깨닫는 순간, 거기에 눈을 뜨자마자 내 인생이 달라졌고 사역의 역사가 달라지게 된 것이다.

그렇다. 비밀은 바로 이것이었다. 30년 넘는 세월 동안 줄기차게 달려와도 절대 메마르지 아니하고 오늘도 더 기쁘고 더 감사한 것은 오늘 이 순간도 하나님의 말씀의 능력이 눈에 보이지 않는 영적 세계를 통하여 이 간증에 기름 부으심으로 함께하는 은혜가 있기 때문이었다.

나는 오늘도 여전히 그날 받았던 은혜와 감사함으로 이 사역을 감당하고 있다. 앞으로 더 많은 은혜로운 간증자가 나타날 때 이것을 마음에 품기를 원한다. 그 젊은 목사님의 이야기가 또다시 심령에 새겨진다.

"장로님, 아무리 좋은 간증도 가만히 들어보면 압니다! 그 간증의 전체적인 흐름 속에 '나'라는, 영어로 대문자 'I' 라는 단어가 그 간증

속에 10번 나오면 간증은 망합니다! 그건 간증이 아닙니다! 자기 이야기이며 자기 자랑입니다! 그 간증의 흐름 속에 끊임없이 '나'는 사라지고 오직 대문자 H로 시작하는 He, 그분의 이야기, 예수 그리스도의 이야기가 계속 선포돼야 합니다."

"명심하십시오! 항상 그분을 높이고 장로님은 뒤로 물러서서 객관적인 증인으로서 그분이 행하시는 놀라운 변화의 연결고리를 찾아가면서 항상 순례자처럼 그 길을 겸손히 따라가십시오."

캄캄한 외국의 어느 어두운 커피숍에서 이루어진 기막힌 하늘의 대화가 아직도 선명하게 내 기억 속에 남아 있어 내일을 향해 달려가는 내 사역의 동력이 되고 있음에 감사하다.

귀신에게 시달리는 사람들에게
꼭 해 주고 싶은 이야기

3장

1. 귀신들의 세계를 무시하면 안 됩니다

어릴 때 살던 집 구석진 곳에 낡은 창고가 있었다. 집 안의 유물을 잘 보관해 두던 곳이었다. 그곳에는 크고 오래된 목판, 책, 교지(임금이 벼슬아치에게 주던 임명장) 등이 켜켜이 쌓여 있었다.

중학교 2학년 무렵, 창고에서 이것저것 살펴보던 중, 무심코 두꺼운 책 한 권이 눈에 띄었다.

'어, 이게 뭐지? 진짜 두껍네! 이게 다 뭐꼬?'

한문으로 빼곡히 쓰인 책을 자세히 살펴보니 몇 대 위 할아버지께서 손수 집필하신 거였다. 오랜 시간 편집에 편집을 거듭하시며 완성된 듯 보이는 아주 두꺼운 책이었다.

책의 주요 내용은 사주팔자 보는 법, 이름 감정하는 법, 관상 보는 법, 당사주, 심지어 귀신을 부르고 쫓는 비방들이 빼곡하게 적혀 있었다. 그걸 보자마자 눈이 번쩍 뜨였다.

'야, 이거 진짜 물건이다! 돈 주고도 못 배우는 건데, 할배요! 고맙습니더!'

그때부터 수년간, 그 책 한 권을 놓고 고시공부하듯이 독학을 했다. 어릴 때부터 한문을 배웠던 터라 얼마간의 기초는 되었지만 워낙 어려운 글이 많아 옥편을 찾아가며 학습을 했다.

공부를 하면 할수록 얼굴도 본 적 없는 5대 조부님의 신비한 영의 세계로 더 깊이 빠져 들어갔다. 너무 재미있었다. 주역의 세계, 귀신의 세계로 빠져 들어간 것이다.

나는 결국 그 세계에 펼쳐진 진리를 찾은 듯했다.

'이것은 진리다. 이런 진리가 어디 있냐? 절대 어디서도 못 찾는다!'

그렇다. 그 당시 내게 있어서 이것은 진리였다. 수리의 세계, 사람 이름의 숫자, 획수, 음양과 오행이 맞아떨어진다. 사주팔자가 보강해지고 심지어 그의 얼굴 색깔과 표정과 음색까지 모두가 다 종합되면 한 사람의 운명이 나오는 것이다.

'이거 진짜가? 사람의 운명이 이렇게 되는 거라고?'

기가 막힌다. 거의 틀리지 않고 다 맞아떨어지는 것이다.

시간이 흘러 조금씩 소문이 나기 시작했다. 한두 명씩 내게 찾아
와 묻는다.

"효진아, 니가 그렇게 용하다매? 내 사주는 어떻노? 함 봐 봐라"

사주팔자를 보고 성명을 풀고 상담을 하다 보면 그 사람의 운명이
거의 딱 떨어져 나온다.

"옴마야! 똑같대이~ 다 맞대이!"

찾아온 사람들이 기절초풍했다. 나는 그때부터 소년 역학가로 이
름이 나기 시작했다. 우리 동네에서 태어나는 아기들의 이름은 거
의 내가 지어 줄 정도였다.

"효진아, 이번에 딸이 태어났는데 이름이 뭐가 좋노? 뭘로 지어야
오래 살고 잘 살겠노?"

"효진아, 이번에 우리 아들 결혼한대이. 궁합 좀 봐주라. 며느리 될
사람 생년월일시도 갖고 왔다. 함 봐 줘라! 잘 살겠나?"

"우리 남편이 사업을 자꾸 할라 카는데, 이거 해야 되나? 우리 남편
미래가 어떻게 되겠노? 함 봐줘라." 아이들 이름, 결혼궁합, 사주로
미래까지 풀어내다 보니 나는 점점 더 그 세계에 빠져들게 되었다.
'이건 필시 할아버지가 내한테 준 선물인기라! 보물인기라!'

과학 문명이 요즘처럼 첨단을 가는 시대에 이런 말을 하면 우습게 들릴 수도 있을 것이다. 끝까지 들어봐야 한다. 성급히 판단할 문제가 절대 아니다.

이 미묘하고 복잡한 세계에 대하여 내가 말하고자 하는 첫 번째 중요한 문제는 이 세계를 무조건 무시하면 안 된다는 것이다! 무시하되, 반드시 그 본질을 잘 알고 무시해야 한다.

일단, 주역의 세계는 무조건 허구가 아니다. 세상의 지배자인 사단이 다스리고 있는 이 세계가 지금도 여전히 존재하고 있다.

컴퓨터보다 더 정확하게 조직되고 흘러가는 나름대로의 모든 시스템을 갖추고 있다. 어떤 아이가 태어나 좋은 이름과 이를 뒷받침할 수 있는 사주와 음양오행이 다 맞아떨어졌다면, 이 아이는 좋은 운명을 가진 채 살아갈 수 있다는 것이다.

이런 식으로 규정된 운명은 그 세계 안에서는 이미 결정되어 있다는 것이다. 인터넷에서 좋은 이름을 골라 아이의 이름을 지었다.

그러나, 아무리 좋은 이름을 지어봤자 사주와 음양과 오행이 이름을 형성하는 수리와 조화를 이루지 못하면 꿈만 꾸는 인생, 허망한 공상가, 몽상가로 살 수밖에 없다. 이것도 운명이라고 부른다.

터가 센 집이 분명히 있다. 귀신들이 장악하고 있는 집이 있다. 꼼짝달싹 못 한다. 그런 집은 작은 물건 하나 옮기는 것도 날을 받고 옮겨야만 한다. 쉽게 말해서 귀신의 허락을 받아야 되는 것이다.

만약에 귀신에게 허락된 날을 받지 아니하고 물건을 옮기거나 심지어 벽에 못만 처도 동티가 난다고들 한다.

가령 그 집안 가장의 눈이 시뻘겋게 충혈된다. 아폴로 눈병보다 심한 눈병이 걸리는 거다. 이럴 경우는 안과에 가도 고칠 수가 없다.

결국 귀신들의 노여움을 풀기 위해 비방을 쓰고 화장실에다가 동그라미를 2~3개 그린 종이를 붙이고 한 중앙에 바늘을 꽂아 놓으면 1시간 내로 눈의 심한 충혈이 사라진다.

"에이, 설마! 말도 안 돼요! 장로님."

나는 이러한 것을 직접 눈으로 보고 배우며 이 세계에 적응해 갔었지만 후에 깨달은 것은 이런 법칙이 더 무섭고 확실하게 이루어지도록 하는 것은 어리석은 인간을 두렵게 하고 그들을 속박하여 노예로 만들어 가는 방편이기 때문일 것이다.

지금 세계는 2개로 나누어져 있다. 사악한 귀신들이 지배하고 있는 어두움의 세상, 예수님을 구주로 영접한 사람들의 세상, 믿음의 세상이다.

놀라운 사실은 귀신들이 지배하는 어두움의 세상에서 꼼짝없이 운명처럼 얽매어 있는 사람이 어느 날 예수님이 함께 하시는 믿음의 세계로 넘어오는 순간, 운명이라는 이름으로 인간을 꼼짝달싹 못하게 옭아맸던 그들의 모든 시스템이 모래성 무너지듯 와르르 무너지게 된다는 것이다.

주역의 통계들과 귀신들이 얽어놓은 운명이라는 것이 예수님을 구주로 영접하는 순간 아무것도 아닌 것으로 바뀐다. 완전히 무효화되는 것이다.

'이전 것은 지나갔으니, 보라! 새것이 되었도다!' 하나님의 전능하신 권능 앞에서 기도하며 응답받는 새로운 존재, 새로운 운명이 시작된다. 가난할 운명도, 일찍 죽을 수밖에 없는 운명도, 비참하게 살아야 할 운명도 이제는 없다!

얼마나 놀라운 일인가?

세월이 지난 후, 나는 교도관이 되었다. 나를 알던 사람들은 놀라기 일쑤였다.

"아~ 그렇게 똑똑했던 효진이가 어쩌다가 교도관이 되었나?"

나 역시 내가 왜 교도관이 되었는지를 정확히 몰랐다. 하지만 시간이 지나면서 차츰 깨닫게 되었다. 나를 끌고 가시기 위한 하나님의 새로운 은혜의 운명 창조!!

누구도 쉽게 접하지 못 하는 사형장을 나로 체험하게 하셨다. 누구나 꺼리는 청송 감호소에서 다양한 일을 겪게 하셨다.

그리고 70 중반을 넘어선 나이에도 여전히 하나님 앞에서 받은 은혜를 많은 교회에서 간증으로 사역하고 뒤늦게 시작한 유튜브로도 귀한 공감을 나누면서 새삼 하나님께서 바꾸어 주신 새로운 운명의 선물 앞에 박수를 치며 주님을 찬양한다.

나뿐 아니라 이 글에 동참하는 모든 읽는 이들도. '오래전부터 우리의 어두웠던 운명을 새로운 빛의 운명으로 바꾸어 주신 선재적인 하나님의 은혜에 감사합니다.'

2. 터가 센 집은 꼼짝없이 눌린다

10여 년 전에 일이다. 딸 소영이에게 당황스러운 음성으로 전화가 왔다. 그 당시 출산 예정일이 얼마 남지 않은 때였기에 내가 더 놀랐다.

"와? 와? 무슨 일이고? 일 났나? 와?"

급한 마음에 계속 질문을 던졌다. 딸아이는 잠시 호흡을 가다듬으며 놀라운 말을 하기 시작했다.

"아빠, 내가 잠깐 낮잠을 자다가 눈을 떴는데 냉장고 옆에 머리를 길게 늘어뜨린 여자가 나를 빤히 보고 있는 거야! 너무 놀랐지만 나도 뚫어져라 쳐다보니 냉장고 뒤로 스르르 사라지는 거야. 너무 무서워서 밖에도 못 나가겠어요."

"기도해라! 나사렛 예수님의 이름으로 물러가라고 기도해라!"

당시 딸아이의 집은 신축 아파트라 아주 깔끔하고 보기 좋았다. 하지만 그 집에 갈 때마다 느낌이 썩 좋지는 않았다. 그래도 대수롭지 않게 생각하고 대신 평소보다 더 오래 기도하곤 했었다.

갓 태어난 외손자는 유별나게 밤낮없이 많이 울어 댔다. 원래 갓난 아이는 많이 운다고 하지만 외손자는 특별나게 심했다.

"장로님요, 우야노! 아기가 엄청 예민한가 봐요. 밤낮 안 가리고 울어서 소영이가 잠을 못 자요. 큰일이네!"

"아기들이 다 그렇지 뭐! 너무 신경 쓸 거 없데이. 기도해 주자!"

우리 부부의 늘 오가던 대화였다. 그러다 백일이 지난 즈음에 지방 집회를 가는데 아내와 딸이 울면서 전화를 해왔다.

"장로님, 우야믄 좋아요? 혁이가 한 시간 넘게 바늘에 찔린 듯이 울어요! 병원 가야 되나? 큰일 났심더!"

"아빠, 우리 혁이 우는 것이 심각해요. 어떡해요? 남편도 근무 중이라 못 나오는데."

그뿐 아니라 당시 딸 부부도 별것 아닌 문제로 잦은 의견 충돌이 생기고 다투는 일이 지속되었다.

출산과 육아라는 첫 경험에 따르는 육체적, 정신적인 문제로 힘들

기도 했겠지만 이상할 정도로 심했다.

"아빠, 너무 힘들어요. 아이 키우는 것도 힘들지만 남편과의 관계가 더 힘들어요."

"뭐, 육아가 힘드니까 가끔 다툴 수도 있지 뭐…. 더 참고 기도해라."

말은 그렇게 해도 부모로서도 참 힘든 시간이었다. 그런데 어느 날, 사위가 다용도실 문을 여는데 그곳에 아기를 등에 업은 여자와 눈이 딱 마주쳤다는 것이다. 깜짝 놀랐지만 한참을 마주 보다가 문을 쾅 닫았다고 한다. 그 이야기를 듣자마자 나는 무릎을 '탁' 쳤다.

'아하, 이 집에 뭔가 있구나!! 악한 영들이 강하게 역사하는구나!'

그때부터 딸의 집에서 강력하게 기도하기 시작했다.

"주 예수님의 이름으로 명하노니 더러운 영들아! 나가라! 파쇄돼라! 일곱 길로 쫓겨나가고 다시는 이곳에 들락거리지 말지어다!!"

계속 예수님의 이름을 선포하고 보혈의 능력으로 기도, 찬양, 예배에 집중하기 시작했다. 그 후로는 이런 현상들이 다 사라지고 평화로운 기운이 가정에 흐르기 시작하였다.

마귀를 대적하라 그리하면 너희를 피하리라 하나님을 가까이하라 그리하면 너희를 가까이하시리라 _약 4:7-8

"아빠, 우리 혁이가 요즘은 잘 울지도 않고 잘 놀아요."

놀랍게도 외손자는 잠도 잘 자고 평온하게 놀기 시작했고 딸 아이 부부도 까칠까칠한 관계가 부드럽게 회복되었다.

나중에 알고보니 아파트 같은 동에 무당이 살고 있었다는 이야기를 전해 들었다. 더욱이 이 아파트가 무연고 묘지가 많이 있었던 터 위에 지어졌다는 것이다. 이 일이 있은 뒤, 가족은 더욱 영적으로 무장하며 기도하기에 힘썼다.

사람의 집에도 귀신들이 터를 잡고 살 수 있냐는 질문을 종종 받는다. 어떤 집이나 특정한 장소, 특정한 지역에는 오랜 세월 동안 터를 잡고 있는 귀신이 존재하는 것이 분명하다.

특별히 이들이 좋아하는 곳은 주로 아주 더럽고 아주 산만한 곳, 음란하고 불법이 성행하는 곳, 침침한 곳, 특히 무덤 주위 같은 곳을 터로 삼는다고 한다. 이런 곳은 인간의 보편적 생각에도 기분이 좋지 않고 뭔가 섬뜩한 장소이기 마련이다.

멀쩡한 가정도 귀신들이 노리는 표적이 된다. 특히 가족 간에 상대방을 향한 불평불만으로 싸움이 끊이지 않는 집은 이들의 먹잇감이 된다. 술과 도박, 외도 등으로 취약해진 가정을 공격하고 장악한다.

오랜 세월 동안 아무도 알아차리지 못하게 살금살금 가정과 가문으로 들어가 자신들의 세력을 키워나가는 것이다. 세월이 갈수록 그

지배력은 점점 더 커지게 된다. 그리고 이들은 자신들의 영향력을 더 크게 확장하고 그 집안을 모조리 움켜잡기 위해서 그들과 한통속인 무당이나 점쟁이와 결탁하고 협업을 하기도 한다.

그 집안의 모든 비밀을 알고 있는 귀신들에게 접신된 무당이나 점쟁이들은 이 가정의 은밀한 비밀까지 다 알아맞힌다. 흔히들 말하는 쪽. 집. 게!

몇 대를 두고 그 집에 터를 내리고 그 가정을 장악하고 관리해 왔기에 집안 내력을 훤히 다 알고 있음은 당연한 일이다. 점쟁이나 무당들이 하나하나 그 가족만이 알고 있는 비밀한 사실을 드러낼 때마다 가족들은 옴짝달싹 없이 눌리고 사로잡히게 된다. 완전히 자유를 잃어버리고 귀신에게 종속된 영적 노예가 되어버리고 만다.

이처럼 이미 한 가정이 강력한 힘으로 장악당하고 있는 가정도 있지만 아직 장악당한 단계까지는 아니고 장악돼 가는 과정 중에 있는 가정도 심심찮게 볼 수 있다.

가끔은 귀신들이 그 집안 구성원 혹은 주변 사람들에게 사람의 모습으로 가장하여 자신들을 드러내기도 한다. 슬쩍슬쩍 여자의 모습, 조상의 모습 등으로 나타난다.

"어머, 내 꿈에 돌아가신 할아버지가 배가 고프다고 하면서 화를 내더라구요!"

"여보, 엄마가 무덤에 자꾸 물이 들어와서 춥다면서 울어!"

그 집을 노리고 있는 악한 귀신들이 슬슬 시동을 걸고 있다. 귀신들이 자신의 영역 표시를 하려고 하는 것이다.

"자, 여기는 내 집이다! 이것은 내 거다! 여기는 내가 주인이다!"

그 집안 식구들은 그런 이야기를 들으면 놀라고 겁을 내고 불안해한다. 이런 두려움이 커지면 커질수록 이들의 세력 또한 더욱 확장되기 마련이다.

이들이 가장 좋아하고 가장 맛있게 먹는 양식은 인간의 두려움과 불평불만, 불안과 공포이다. 그리고 자기들에게 엎드려 절하고 제사를 지낼 때마다 이들의 힘은 점점 커지고 터가 확고하게 굳어지는 것이다.

"이곳은 내 집이야! 이 집 주인은 나야! 꼼짝 마라!"

이것은 더러운 영들의 세력 확장의 한 방편이라고 할 수 있다. 이럴 때 절대 두려워하면 안 된다. 기분 나쁜 꿈이 지속적으로 계속되고 간혹 이상한 소리가 나거나 섬뜩한 사람의 모습으로 나타나기도 하면 조속히 깨달아야 한다.

'아, 악한 영들이 우리 집을 공격하고 있구나!' 이럴 경우에는 조속히 영적 눈을 뜨고 담대하게 대적하고 쫓아내야 된다.

그렇다면 도대체 어떻게 해야 할까? 정확한 방법은 딱 하나 밖에 없다. 끊임없이 하나님께 예배하고 기도하며 집안에 찬송이 흘러 넘치게 하는 수밖에 없다.

부적을 쓰거나 무당이나 점치는 이에게 찾아가서 처방을 받는 순간, 그들의 그물망에 속절없이 걸려든다. 짜고 치는 고스톱처럼 악한 영들과 무당, 점쟁이들끼리 결탁되면서 계속하여 악순환에 말려드는 것이다.

예수님의 이름, 십자가의 보혈만이 이들을 완벽하게 이길 수 있다. 사악한 영들이 제일 두려워하는 것은 하나님의 권능이다.

그 권능의 빛 안에 있는 자녀들의 기도와 예배를 이들은 결코 당해낼 수가 없다. 강력하게 기도하고 예배하고 날마다 예수님 이름으로 악한 영들의 역사를 추방하는 것밖에는 없다.

'주 예수 그리스도의 이름으로 명하노니, 이 더러운 것들아! 다 물러가라! 이곳은 너희의 거할 장소가 아니다! 이곳은 하나님의 자녀가 거하는 거룩한 처소이다!'

믿음으로 선포할 때, 귀신들의 모든 전략이 무효화 되고 결국은 일곱 길로 쫓기어가는 놀라운 승리가 일어날 것이다. 물론 이를 위해서는 강력한 기도의 영력이 쌓여야만 된다. 더 깊고 더 충만하고 더

폭넓은 기도의 '라마 나욧'*이 되면 악한 영들이 장악했던 터가 하나님이 역사하시는 은혜의 터전으로 바뀌게 될 것이다. 이것이야말로 하나님으로부터 부름받은 우리들의 사명이고 우리의 권리이며 명예일 것이다.

　말세를 살아가는 우리의 진정한 모습이 이러하길 소망한다. 결코 두려워할 것 없다. 터를 잡고 있는 귀신들이 아무리 강력해도 예수님의 이름 앞에 결국 허물어지게 되어 있고, 다 축출되는 법이다. 당연한 이 원리의 은혜가 늘 우리의 고백이 되어야 할 것이다.

* 라마 나욧 : 사무엘상 19장 참조. 다윗이 사울왕을 피해 찾아간 곳. 선지자 사무엘과 따르는 이들의 기도로 무장된 마을. 체포 특공대가 세 번이나 쳐들어 와도 이 지역에 충만한 기도의 능력에 지배되어 예언을 하고 심지어 직접 쳐들어 온 사울 왕 역시 기도의 영력에 사로잡혀 겉옷을 벗고 하루 종일, 밤새 예언을 하게 된 장소

3. 귀신의 예언이 맞나? 장로가 점집에 왜?

　세상에서 둘째가라면 서러울 정도로 무속을 신봉하는 독특하고 특이한 오랜 고향 친구가 있다. 점을 보러 가자고 하면 자다가도 벌떡 일어난다. 용한 보살이 있다고 하면 한걸음에 달려간다. 몸 구석구석에 부적이 빼곡하다. 지갑, 양복 안주머니, 베개 밑, 심지어는 속옷 안에도 부적을 기워 입고 다닌다.

　공부도 많이 했고 국가 요직에 근무했던 나름 엘리트임에도 불구하고 무속의 세계에 심취해 있는 친구다.

　"효진아, 최근에 신내림 받은 박수무당이 있다카더라! 지리산에서 득도를 했다 안카나! 그렇게 용하고 따끈따끈 하댄다! 꼭 한 번 보러 갈끼다."

"야야, 또 가나? 발바닥 닳겠대이! 이제 예수님 믿고 살믄 안 되것나?"

만날 때마다 우리 대화는 늘 이런 식이다. 아무리 말려도 아랑곳하지 않는다.

이 친구에게 무속의 세계는 신앙이었다. 우리가 크고 작은 문제를 놓고 기도하듯 이 친구는 보살과 무당들에게 답을 찾아다녔다.

"효진아! 니가 몰라서 그란다! 니는 쓰잘데기 없는 외국 종교나 믿고 앉아서 뭐 하는 기고? 우리 조상들이 대대로 믿어 온 우리 신들을 믿어야지!"

"봐라, 인마! 우리 신들은 확실하게 이렇게 해라! 저렇게 해라! 알려주잖아! 느그 외국 하나님 신은 뭐꼬? 기도나 해라카고! 답도 없고! 으이구 한심하다!"

한 번은 고향 쪽 교회로 집회를 갔다. 마침 낮에 시간 여유가 있어서 그 친구와 점심을 함께 먹었다. 식사 내내 자랑을 한다.

"효진아, 내당동에 용한 박수무당이 한 명 있는데, 오늘 점심 먹고 거기 가기로 했다! 요 근래 신 받아서 얼마나 따끈따끈한 영빨을 갖고 있는지 진짜 소문났대이!"

입안에 밥알이 튀어나오는지도 모르고 자랑을 한다. 아무 말 없이 친구의 이야기를 듣다가 별안간 이런 마음이 생겼다.

'그래? 가 볼까? 한 번 붙어볼까?'

호기심과 함께 전투적인 마음까지 들기 시작했다.

"야! 나도 같이 가 볼까? 한 번 보고 싶네?"

이 친구는 밥을 먹다 말고 1~2초간 멍하게 나를 바라봤다. 당황한 모습이었지만 내심 얼씨구나 하는 눈치였다.

"예수쟁이가 그런데 가도 되나? 우쨌든 잘 생각했다! 얼마나 용한지 한 번 가 보자! 느그 하나님 신이랑은 비교가 안 될 끼다!"

무당집에 도착하니 번호표를 주었다. 먼저 예약된 열댓 명이 앉아 초조한 모습으로 자기 차례를 기다리며 앉아 있었다. 그 뒷자리에 앉은 내가 할 수 있는 것은 기도밖에 없었다.

"하나님 아버지, 저 악하고 더러운 영들을 물리쳐주시고 미혹하는 귀신이 힘을 잃게 하소서...."

소리 내어 기도할 수 없으니 속으로 강력한 방언 기도를 하고 있었다. 용하다는 그 박수무당은 앞을 보지 못하는 시각장애인이었다. 조그만 상 위에 쌀을 쫙 흩어놓고 구멍이 뚫린 엽전을 가지고 '철커덕, 철커덕' 하며 점을 보고 있었다. 그런데 이게 웬일인가? 갑자기 우리 쪽을 향해 고개를 휙 돌렸다.

"야! 이! C XXX!"

"개 XXXX!"

험한 욕설과 함께 자기 손으로 상을 '꽉'치면서 소리를 내질렀다.

"재수 없이 예수쟁이가 여기 왜 와서 점괘를 흩트리는 거야? 빨리 나가! 나가라고! 썩 꺼져! 재수 없어!"

난리 법석을 피운다. 나는 회심의 미소를 지으며 말했다.

"야~ 봤지? 나가자! 여기 있어봤자 필요 없다! 봐라, 예수 믿는 사람을 먼저 알아보잖니? 예수님 때문에 점괘 안 나온다 하잖나? 누가 더 쎄노?"

"예수 믿는 사람 있다꼬 점괘 안 나오는 저 하수들한테 뭘 물어 보노? 여기 앉아서 뭐 하겠단 말이고? 가자 가자!"

친구를 끌고 나왔다. 그 박수무당은 진짜 영력이 있는 사람은 맞다. 뒷자리에 앉아 있는 예수 믿는 나를 귀신처럼 알아보았으니 말이다.

어떤 무속인들은 이런 상황에도 전혀 알지 못하는 경우가 많다. 흔히 학습 무당이라고 하는 배워서 무당이 되고 역학자가 된 사람들은 이런 영적 세계를 잘 모른다.

그러나, 귀신에게 사로잡혀 신내림을 받은 진짜 무당들은 금세 알아챈다. 성령님과 함께 하는 사람들을 두려워하는 이유일 것이다. 이 광경을 봤던 내 친구는 그 후부터 내가 복음에 대해 이야기하면 긴가민가 하면서도 조금씩 귀를 기울이기 시작했다.

"친구야, 영적 세계의 비밀이 이렇다! 하나님이 진짜 살아 계신대이. 귀신들도 엄연히 존재하면서 사람들을 속이고 있는 거 봤재?"

코웃음 치던 친구가 이제는 조금씩 수긍한다. 언젠가는 이 친구가 하나님 앞에 두 손 들고 돌아올 것이라 믿고 지금도 여전히 기도하고 있다.

일반적으로 집에 여러 가지 문제가 생기면 급한 마음에 점을 보러 간다.

"네 할머니가 어떻게 됐고, 네 아버지가 이렇게 되었으니 너는 이렇게 하지 않으면 안 된다! 지금 당장 굿을 해야 한다!"

"네 아들은 물에 빠져 죽을 팔자이지만 이 부적을 쓰면 액운을 물리칠 수 있어!"

"네 엉덩이에 점이 두 개 있구나! 엉덩이에 그 점을 빼지 않으면 자녀들에게 화가 와!"

점을 보러 온 사람의 몸에 있는 은밀한 점까지 귀신같이 다 알아맞힌다. 이쯤 되면 누구나 꼼짝없이 귀신의 발톱에 낚아 채이게 된다.

그렇다. 귀신은 점 보러 온 사람들의 과거를 당연히 다 알고 있다. 대를 이어 그 집안에 있었던 생사화복의 문제, 선대로부터 지금에 이르는 가족사를 다 보고 알고 있으니 당연히 족집게일 수밖에 없다. 이렇다 보니 많은 사람들은 귀신들이 미래까지도 아는 줄 착각한다. 그러기에 자신의 미래마저도 그들의 손에 맡겨 버리게 되는 것이다.

이렇게 되는 순간, 인간의 과거와 현재와 미래까지 귀신들의 속임수에 갇혀버려 평생을 그 세계에서 헤어 나오지 못하고 지옥으로 떨어지기까지 여지없이 끌려가게 되는 것이다.

귀신은 인간의 진실된 미래를 결코 알 수 없다. 미래는 오직 하나님만의 손에 맡겨져 있다.

'너는 장래에 어떤 직업을 가질 것이고, 이런 사람과 결혼할 것이며, 내일 이런 일이 생길 것이다. 내년에는 운이 따를 것이다'

이런 말은 악한 귀신들의 속이는 말이다. 인간의 개인적 길흉화복에 대해 하나님은 결코 언급하지 않으신다. 하나님은 지금도 정의와 진리로 말씀하신다.

"말씀 속에서 너희들의 길을 찾고 성령님의 인도로 나아가라!"

하나님의 말씀, 하나님의 예언은 무당들이 하는 것과는 비교불가이다. 차원이 다르다.

하나님의 말씀에는 사랑과 구원의 메시지가 있다. 하나님의 말씀에는 역사가 있다. 천지창조로부터 마지막, 이 땅이 끝날 때까지 긴 과정의 역사 속에 하나님이 일하시는 그 모든 일이 담겨있다. 그 역사 속에 우리가 궁금해하는 미래가 고스란히 담겨있다.

귀신들은 역사가 없다. 그저 천박한 길흉화복을 무기 삼아 사람들을 두렵게 할 뿐이다.

하나님께서는 우리에게 놀라운 은혜의 말씀을 주셨다. 악한 영들이 아무리 몰려와도 감당하지 못할 위대하고 놀라운 예언의 말씀이 우리에게 펼쳐져 있다.

예수 그리스도를 구주로 고백하던 그 믿음 하나로 값없이 구원의 자리로 옮겨진 이 기막힌 역사! 천만 명 무당의 외침보다 더 강력한 하나님의 말씀 한 마디가 온 땅에 울려 퍼진다.

'천하 사람 중에 구원을 받을 만한 다른 이름을 우리에게 주신 일이 없음이라 하였더라' _행 4:12

구원의 종결자로서 역사하시는 하나님! 세상을 이처럼 사랑하셔서 독생자를 주셨으니, 이는 저를 믿는 자마다 멸망하지 아니하고 영생을 얻게 하려 하심이라!

세상 어느 곳에서도 찾아볼 수 없는 가장 위대한 하나님의 말씀, 예언된 그 말씀이 오늘 우리에게 주어졌다. 악한 영들의 속박에서 해방되어 하나님의 은혜의 세계에 들어온 모든 분을 진심으로 환영한다.

4. 영적 문제와 정신질환, 어떻게 분별할까?

"장로님, 제 아들이 귀신 들렸습니다. 어떻게 해야 하나요?"

"장로님, 우리 딸이 조현병 진단을 받았는데 혹시 영적인 문제는 없나요?'

수시로 이런 전화를 받는다. 하나같이 기가 막히고 안타까운 사연이다. 가끔은 가슴이 미어질 정도로 갑갑할 때도 있다.

만약 내가 어마어마한 능력의 소유자로서

'얏! 예수님 이름으로 물러가라!'

하는 순간, 귀신이 바로 쫓겨가고 병아리 감별사처럼 이 사람은 귀신병, 저 사람은 정신병이라고 바로 판별할 수 있다면 얼마나 좋을까? 때로 악령에 잡힌 사람을 붙들고 기도와 찬송으로 영적 전투를 치른 끝에 귀신들이 소리치며 축출되는 경험을 하면서 우리의 씨름이 '혈과 육'에 국한된 것이 아니라 '하늘에 있는 악한 영'들임을 재확인하기도 하였고 혼미한 가운데 의식이 다 사라진 사람들을 보면서 정신병원으로 데리고 가라고 하기에도 애매하고 영적인 문제이니 기도로 대처하라고 하기에도 주저스러울 때가 많았다.

"장로님, 갑갑해요! 이게 과연 정신적인 질환입니까? 아니면, 귀신입니까?"

"제 아들 둘이 수련회에 갔다 온 후로 지금까지 이상한 행동과 말로 견디기 힘들고 온 집안은 난리가 났습니다! 정신병인지 귀신 들렸는지 알 수 없어요."

귀신을 쫓아내는 것도 물론 큰일이지만 더 중요한 것은 이런 것들을 미리 최대한 분별하는 것임을 깨닫게 되었다.

지금 당장 나와는 전혀 관계없는 일이라고 귓등으로 흘려 버릴 것이 아닌 이유는 주변의 가족을 포함한 지인들에게 이러한 것들을 알려 주어야 하기 때문이다.

언제라도 발생할 수 있는 이런 문제들 앞에서 신속히 정확한 방향을 잡아야만 한다. 병원에 빨리 데리고 가야 될까? 목사님께 데려가서 기도를 받아야 할까? 가족들 중에 예수님을 믿는 사람이 있다면 99%는 이렇게 말한다.

"형님, 빨리 기도를 받으러 갑시다! 이 문제는 일단 기도가 필요해요."

"이 문제는 축사를 해야 하는 거예요!"

 신앙이 없는 가족들은 대뜸 사이비 취급을 하며

"미쳤다! 미쳤어! 이 문명 세상에 정신 나간 소리 집어치워라!"

"샤머니즘 같은 소리 하지 마라! 지금 병원 가서 빨리 치료받아야 되지 무슨 기도? 그러다가 사람을 완전히 망칠 거야?"

서로 다른 의견으로 가족 간 갈등과 대립으로 이어지는 일이 대부분이다. 이런 경우, 자판기에 집어넣고 버튼을 누르면 바로 '삐삐삐삐' 하면서 '이 증상은 병원! 이 증상은 교회!' 라고 알려주면 좋겠지만 현실은 그러하지 못하다. 그러므로 우리의 건전한 이성과 영적 분별력으로 최대한 지혜롭게 구별해야 한다.

만약, 정확한 분별이 되지 못하면 그 당사자에게는 일생을 두고 회복되지 못할 치명적인 고통이 찾아올 수가 있다.

많은 분의 임상과 연구를 토대로 또 나의 경험을 덧붙여 어디까지가 정신질환인가 아니면 귀신들림인가를 조심스럽게 분별해 본다.

첫째, 악한 귀신이 한 사람의 인격을 조종하고 잠식하게 되면 힘이 아주 세진다.

내가 예수님을 영접한 초창기에 울산에서 병든 할머니를 만난 적이 있다. 오랫동안 병석에 누워 고생하여 전혀 힘을 쓰지 못하는 할머니였다.

그 할머니 몸속에 자리 잡은 귀신들이 정체를 들키자마자 6명의 어른들이 힘을 모아도 그 할머니를 제압할 수가 없었다.

자리에 누운 채로 온몸이 펄쩍 펄쩍 튀어 오르기 시작하는데 늙고 병든 노인 한 사람을 감당할 수가 없었다. 믿기 어려운 괴력을 발휘했다.

이렇듯 귀신이 발악하면 초자연적인 힘을 나타낸다. 정신병에 걸린 사람들은 보통 이 정도의 괴력을 나타내지 못한다.

둘째, 귀신이 들리게 되면 눈빛이 확연히 달라진다.

유리알처럼 투명하고 섬뜩할 정도로 반짝거리기도 한다. 그리고 눈동자가 끊임없이 흔들리며 한 곳에 초점을 맞추기 어려울 정도로 산만하기도 하다.

정신병 환자들의 눈은 그렇지 않고 약간 흐리멍덩할 정도로 고정된 모습을 보이기도 한다. 간혹 강력한 귀신이 들어가면 영적인 능력도 가지게 된다. 사람을 뚫어보는, 흔히 말하는 투시의 능력도 나타내기도 한다.

"예수님 이름으로 명하노니, 나가거라!" 라고 기도하면 "네가 무슨 예수? 너 이러한, 저러한 죄를 많이도 지었네. 깔깔깔...."

오히려 자기를 향해 명령하는 기도자의 숨겨진 죄를 들춰내고 놀리기까지 한다. 귀신의 교활한 역사이다. 그런데 정신병 환자들에게는 이런 증상이 전혀 없다.

세 번째, 만약 정신병적인 문제가 깊은 사람은 그 앞에 가서 뜨겁게 찬송하고 기도하며 강력하게 예수님의 이름을 선포해도 아무런 반응이 없다.

하지만, 귀신들린 자들은 갖가지 희한한 반응들이 나타나기도 한다. 어떤 것들은 깔깔깔 웃다가 꺼이꺼이 울기도 하고 어떤 것들은 기도하는 사람의 얼굴에 침을 탁 뱉기도 하고, 어떤 것들은 귀를 막고 안 들으려고 발악을 하기도 하고 폭력을 휘두른다.

네 번째, 정신적인 문제가 있는 사람들은 대화를 해 볼 경우 거의 논리적이지 못한 경우가 많다.

횡설수설 하는 사람들이 대부분이다. 그러나 귀신들린 사람은 상당히 똑똑하고 말도 조리 있게 하는 경우가 많다. 심지어 사람들을 놀리거나 화나게 만드는 것도 많이 보았다.

그러나 이와 같이 명확하게 구별이 되면 다행이지만 상당수 분별하기 힘든 어중간한 상태일 경우 어떻게 할 것인가를 생각해 본다.

누가 보더라도 귀신들림이 확실시되는 경우를 제외하고는 일단 전문의의 진료를 거쳐 보는 것이 안전한 치유를 보장하는 길이다.

　정신적인 문제가 있는 사람을 기도원에 데려다 놓고 주구장창 기도만 하다 보면 약물과 주사로 바로잡을 수 있는 육체적인 문제의 치료 시기를 놓쳐 오히려 파멸되는 경우도 많이 보았다.

　반면에 귀신들림으로 고통받는 사람에게 꾸역꾸역 약물과 주사로 신경과 의식을 억압하다 보면 이 또한 사람을 패망의 길로 밀어 넣는 결과로 이어지는 것이다.

　정신병과 귀신들림은 다른 것이라고들 하지만 실은 백지 한 장 차이로 붙어있는 밀접한 관계이다.

　육체적인 문제로 정신질환이 시작되는 순간, 그의 인격과 이성은 거의 무방비 상태가 되어 파수꾼도 없고 불침번도 없는 주인 없는 집이다.

　그때부터 귀신들은 아무런 저항도 받지 아니하고 그 속으로 들어가 거기에서 집을 짓고 사람을 장악해 가기 시작하므로 필연적으로 정신병적 문제와 귀신들림이 복합되어 버리는 상태가 되는 것이다. 이제는 전쟁이 시작되었다.

'기도 외에는 이런 것들이 나갈 수 없으므로' 강력한 대적의 기도로 악한 영들과 전투 상태에 돌입하는데 이 부분에서 많은 사람이 귀신들에게 속아서 걸려 넘어지기도 한다.

치열한 전투에 돌입하면 귀신이 실체를 드러내기 시작하고 사악한 행동이나 기괴한 말로 사람을 격동하게 하는 것이다. 약이 오르기도 하고 분노의 감정까지도 폭발하듯 일어나다 보니 귀신들린 사람보다 더 큰 고함을 지르곤 한다.

"이 더러운 귀신아! 예수 이름으로 나가라! 악한 귀신아! 썩 나가거라!"

이런 기도는 능력이 있다. 하지만 여기서 또 한 가지 조심해야 될 것이 있다. 아직도 귀신에 붙들려 있는 그 사람의 인격과 이성이 백 퍼센트 사라진 것은 아니다.

조금이나마 남아 있는 심성은 자기를 향하여 기도하는 사람이 눈을 부릅뜨고 흥분하여 "더러운 마귀야! 사악한 귀신아!"라고 고함을 지르면 자기를 향한 비난이나 조롱으로 오해하고 그때부터 더 비틀어져 버리고 더 공격적인 모습으로 나타날 때도 종종 있기 때문이다.

그러므로, 예수님의 이름으로 악한 귀신들의 추방을 명하고 기도하지만 그 중심은 사랑하는 내 가족, 내 이웃의 불쌍한 영혼을 품에 안고 예수님의 사랑의 마음으로 끌어안아야 함을 자주 경험하였다.

그래야만 남아 있는 그 인격이 사랑의 힘에 녹아들고 그 의지가 악한 영들을 추방하는 데 궁극적인 힘을 발휘하게 되고 항복을 받아 낼 수 있게 된다.

사단의 세계에 결코 존재하지 않는 것 중의 하나가 '사랑'이다. 귀신이 지배하고 장악하고 있는 인격체 속에 가장 놀라운 예수님의 사랑과 우리의 사랑이 녹아들어 가는 순간, 아마도 귀신들은 3도 화상을 입고 뒤로 나자빠질 것이다.

정신병적인 문제인지 귀신의 역사인지 명확한 구별은 역시 어렵고 복잡한 문제이나 전문의의 진단과 치료에도 긍정적인 문을 열고, 귀신의 장난에 대하여는 강력한 믿음의 기도로 대처해야만 한 사람의 영혼이라도 잃어버리지 않고 치유의 은총을 받을 수 있다.

이러한 미묘한 문제들 앞에 설 때마다 더욱 깊이 느끼는 것은 미리부터 영적인 무장을 갖추어 정신적인 문제나 귀신의 공격을 예방함이 최우선이라는 것이다.

마귀의 간계를 능히 대적하기 위하여 하나님의 전신 갑주를 입
으라 _엡 6:11

믿음으로 감사하며 살아가는 사람들에게는 정신병적인 문제가 거
의 일어나지 아니하고 기도와 말씀으로 생활하는 사람들에게 귀신
들의 침투가 거의 불가능하다. 너무나 당연한 사실이므로 경건하고
거룩한 삶을 향한 우리의 달음박질을 쉬지 않아야 한다. 분별의 풍
성한 은사가 우리 모두에게 주어지는 하늘의 선물이 되기를.

5. 장례식장은 귀신들의 놀이터입니다

"삼가 고인의 명복을 빕니다"

누군가 세상을 떠나게 되면 으레 이 말로 위로한다.

그러나 최소한 하나님을 아는 사람이라면, 영적 세계를 아는 사람이라면 이 말을 사용하는 것이 바람직하지 못하다는 것을 알고 있다. 명복은 말 그대로 죽은 후 망자의 복을 비는 것이다.

죽음 이후에 망자가 받을 복이 존재하고 있을까? 죽음과 동시에 그 영혼은 바로 천국과 지옥(낙원과 음부라고 해도 무방할 것 같음)으로 갈 곳이 결정되었다.

구원받은 백성은 저 위 빛의 세계로 그렇지 못한 사람들은 아래 어두운 동네로 이미 정해졌다. 그러므로 명복을 빈다는 말은 믿음의 눈으로 보았을 때 전혀 합당하지 않은 말이다.

얼마 전 친한 친구와 함께 장례식장에 다녀왔다. 입구에서부터 향냄새가 진동을 해 견디기 힘들어 숨을 참기에 무척 힘들었다. 일단 상주와 목례를 하고 영정 앞에 서서 잠시 눈을 감고 남아있는 가족들의 마음을 위로해 달라는 묵상기도를 드렸다. 이후 유족들과 악수를 나눈 후 장례식장을 나왔다. 같이 간 친구가 나오자마자 약간 짜증을 냈다.

"야! 니 아무리 장로지만 너무 심한 거 아이가?"

어리둥절한 나는 놀란 눈을 하고 물었다.

"와?"

"아니, 아무리 니가 신앙이 있고 장로지만, 오늘 창피해 죽을 뻔 했다! 다들 절하고, 고인의 명복을 비는 경건한 곳에서 니 혼자 절도 하지 않고 삐죽이 서서 눈만 감고 있는 걸 보니 내가 막 민망해 죽겠드라! 상주들 보기에도 미안해서 혼났다!"

"그래? 뭐 하나 알려줄까? 오늘 너는 장례식장에서 어쩔 수 없이 귀신들의 장난감이었다는 사실을 알고 있나? 귀신들이 지들 마음대로 너를 갖고 놀았대이."

어이없다는 듯이 친구가 픽 웃었다.

"쓰잘데기 없는 소리하고 있네! 치아라!"

"친구야! 나는 전문가야! 니도 알다시피 나는 종갓집 종손 아이가? 제사를 얼마나 많이 지냈노! 그 많은 제사를 지내면서 나는 그것인 최고로 조상을 잘 섬기고 효도하는 거로 알았지만 나중에 예수님을 알고 영적 눈을 딱 뜨고 보니 그게 아니더라고."

모두 잘 알고 있듯이 제사를 지내는 그 순간, 더럽고 사악한 귀신들 수백 마리가 떼를 지어 몰려다니며 절하고 엎드리는 사람 속으로 쉭, 쉭하며 들어가는 것을 본 적도 있다. 그것들이 온몸을 휘젓고 다니다가 다시 옆구리로, 입으로 튀어나오는 것이다.

엎드려 절하는 순간 사람들은 귀신들에게 이미 굴복하는 것이며 또한 그들의 소유물이 된다는 외형적 항복의 표시이기 때문이다.

영안이 열린 상태라면 제사 지내는 현장에 아무리 눈 닦고 봐도 돌아가신 분의 영은 없다. 사람이 죽으면 육은 땅으로 영은 영계로 즉각 들어간다고 한다.

예수님이 재림하시어 모든 산 자와 죽은 자를 다 불러내 영원한 심판의 이르는 그날까지는 아무도 영계를 넘어 들락날락하지 못한다.

공중 권세를 잡고 사람들을 미혹하고 절하게 하는 사악한 영들의 신분은 창세 이후 타락하여 천국에서 추방된 옛 천사들이며 이들이 어머니, 아버지의 이름을 가장하고 할아버지의 가면을 쓰고 연약한 인생들을 속여 타락의 백성을 만들고 있다는 것이 많은 분들의 일관된 결론이다.

그렇다. 제사는 별거 없다. 죽은 영혼이 음식을 먹으러 오는 게 아니다. 우리 민족의 효성과 전통을 이용해 귀신에게 엎드려 절하게 하는 것이다.

광야에서 40일을 밤낮으로 금식하신 예수님에게 마귀가 시험을 한다. '내게 엎드려 경배하면 이 모든 것을 네게 주리라' 절만 하면 천하만국과 영광을 사탄이 예수님께 주겠다는 것이다.

왜 하필 절일까? 만약 예수님이 그 앞에 엎드려 절을 하는 순간, 예수님의 모든 것이 마귀의 권세 아래 들어가는 것이다. 절하는 것이 이렇게 중요한 의미를 가진다.

무릇 이방인이 제사하는 것은 귀신에게 하는 것이요 하나님께 제사하는 것이 아니니 나는 너희가 귀신과 교제하는 자가 되기를 원하지 아니하노라 _고전 10:20

"사탄아! 물러가라! 주 너의 하나님께 경배하고 다만 그를 섬기라 하였느니라!"

이 위대한 예수님의 선포와 승리가 있었기 때문에 오늘을 사는 우리도 이렇게 담대하게 외칠 수 있다.

"예수님의 이름으로 명하노니 사탄아 물러가라!"

수백 년 동안 제사를 통해 얼마나 많은 사람이 악한 영들에게 제압 당하고 더럽혀졌을까라는 생각을 하면 분하기 그지없다.

특히 우리 민족은 충효의 전통으로 살다 보니 결국 더러운 귀신에게 속아 수많은 사람이 사탄의 영적 노예가 되어 지금도 신음하고 있음에 마음이 아프다. 그러나 다행스럽게도 대부분의 크리스천은 제사에 대해 경계하고 있다. 하지만 제사만큼 조심하고 경계해야 할 곳이 있다. 바로 장례식장이다.

'뭐? 돌아가신 분에게 예를 갖추고 가족을 위로하는 자리인데 악한 영을 경계해야 한다고? 이게 무슨 소리야?'

누군가 돌아가셨다는 연락을 받는다. 결혼식장은 못 가도 장례식장은 꼭 찾아가서 조문한다.

영정 앞에서 절하는 것은 일반적인 관례이므로 누구나 생각 없이 그냥 엎드려 절한다. 그런데, 이 일을 어쩌랴? 그 안에는 돌아가신 분의 영은 결단코 없다.

거기에 와 있는 것은 악한 귀신들이 그 영정 사진의 주인인 것처럼 사람을 속이고 미혹하고 앉아 수많은 조문객의 절을 날름날름 받아먹고 앉아있는 것이다.

그러나 인격이 바로 서 있고 그나마 자유의지가 명확하며 상대적으로 올바른 사고를 가지고 사는 사람이라면 비록 절을 했다고 해서 그 사람의 영혼에 침투하거나 기생하여 살지는 못하는 것으로 알려져 있다.

그러나 엎드려 절하는 사람들 중에서 때로는 그 마음에 상습적인 죄와 분노와 증오와 미움과 누군가를 용서하지 못하는 쓴 뿌리가 꽉 차 있는 사람들에게는 그것이 통로가 되어 쉽게 침투해 들어갈 수 있다.

'어? 여기 살 만한 집이다! 기초공사가 다 되어 있네!' '여기는 조금만 리모델링하면 멋진 집이 되겠다!'

초상집에 갔다 오다가 주당(관혼상제에 빌붙어 사람을 해롭게 하는 귀신을 일컫는다)을 맞아 죽은 사람이 더러 있다는 이야기를 예전에도 많이 들었다.

"건넛마을 김 씨 알지? 아무개네 초상집에 다녀오다가 주당을 맞아 감기처럼 시름시름 앓다가 그냥 죽었잖어."

"최 씨가 초상집에 갔다 오다가 온몸이 시퍼렇게 변하고 며칠을 발작을 하다가 결국 목을 매어 죽었어."

주당을 맞는다는 것은 아마도 악한 영들에게 사로잡혀 제압당했다는 의미일 것이다. 이처럼 악한 영들은 연약해진 사람을 그냥 두지 않는다.

장례식장은 귀신들의 놀이터이다. 같은 류의 귀신들이 떼거리로 모여서 와글거리며 절하는 사람들을 가지고 놀다시피하는 처참한 현장인 것이다.

명복을 빈다는 말에 담겨진 거짓된 의미를 알면 차라리 잠시 눈을 감고 서서 묵도하는 것이 가장 좋을 것이다.

몇 년 전, 아버지가 돌아가셨다. 우리 집은 종가집이다 보니 조문객이 엄청 많이 왔다. 아버지가 유교 세계에서도 알아주던 분이라 장례식장에 갓을 쓰고 도포와 두루마기를 입고 오신 분도 많이 있었다. 우리 형제들은 선포했다.

"영정에 절하지 않으셔도 됩니다! 상주들과도 절하지 않습니다."

우리 아버님의 영혼은 이미 천국에 가셔서 이미 이곳에는 존재하지 않는데 누군가 엎드려 절하는 순간 더러운 잡귀들이 우리 아버지의 이름을 가장해서 사람들을 농락할 것이 불 보듯 뻔하기에 절하지 말기를 요청했던 것이다.

"상주들과도 절하지 않습니다!"

장로님, 상주들과 절하는 거는 괜찮지 않습니까?라고 물을 수도 있다. 다른 이유는 없다. 많은 조문객이 올 때마다 절하기 위해 앉았다 일어났다를 수없이 반복할 필요가 있을까?

가족을 잃은 힘든 상황 속에 피로감은 누적되어 있을 것이다. 해병

대 유격 훈련도 아니고 이것은 완전한 중노동과 흡사하다.

"감사합니다. 여기까지 와주셔서 감사합니다."

마주 서서 감사의 인사를 진심으로 나누고 목례하며 악수하면 충분하다.

내 생각과 다른 의견을 가진 사람도 있겠지만 적어도 제사 자리나 장례식장에서 죽은 자 앞에서 절하면 영적으로 치명적인 오염을 당할 수 있다는 것은 결코 양보할 수 없는 중요한 문제이다.

돌아가신 분을 모독하거나 무시하는 것도 결단코 아니다.

돌아가신 후 그 앞에 절하고 제사하는 것으로 효도한다는 것은 자기 합리화를 위한 구실일 뿐이다.

살아계실 때 최선을 다해 부모님께 효도하자. 이후로 장례식장에 가면 유족들에게 이렇게 양해를 구하는 것이 좋겠다.

"저, 기독교 신자입니다! 절하지 아니하고 서서 잠시 예를 표하겠습니다!"

기독교 신자임을 밝히고 서서 눈을 감고 잠시 묵상기도를 하면 무리가 없다. 별로 할 말이 없다면 속으로 이렇게 기도해 보는 것도 좋겠다.

'하나님 아버지, 오늘도 우리에게 은혜를 베푸셔서 고인의 이름을 빙자하여 역사하는 악한 영들을 제거하여 주시고 유족들의 마음을

위로해 주소서. 아멘'

제사와 장례식, 이제 고인의 영정이나 관 앞에 절할 필요가 없다! 절하는 순간, 실제로는 악한 귀신들에게 무릎 꿇고 경배하게 된다는 것이라는 것을 알게 되었다면 누구도 절하지 않을 것이다.

나와 내 자녀들과 사랑하는 이웃들을 위해 이 비밀하고도 분명한 영적 이야기를 널리 전하자.

6. '할로윈' 만만하게 봤다가 큰일 납니다

"과자를 안 주면 장난칠 거야"(Ttrick or treat)

매년 10월 31일이 되면 전 세계가 들썩인다. 귀신 복장, 마녀 복장, 해골 복장 등 악신으로 변장하고 할로윈 축제를 즐기는 문화가 이 나라 저 나라에서 크게 확산되고 있기 때문이다.

할로윈은 어린이들과 젊은이들의 문화인가? 축제인가? 아니면 사악한 귀신들의 장난인가?

할로윈은 원래 영미권에서 행해졌던 축제성 기념일이다. 원래 아일랜드 켈트 족속의 풍습으로 아일랜드들이 미국으로 이주하며 그들을 통하여 미국 전역에서 퍼져 나가기 시작했고 이는 유령이나 괴물 분장을 하고 즐기는 대표적인 축제로 자리 잡았다.

그리스도교에서는 4세기 무렵부터 '모든 성인의 날'을 기념해왔다. 문자 그대로 모든 성인들을 기리는 날이었다. 할로윈은 이날의 전야제로써 만성제라고도 불린다.

고대 켈트족이 미신적인 토속 신앙을 버리고 기독교로 개종을 하기는 했지만 그들은 자신들이 섬기는 우상의 신들을 다 버리고 온전한 기독교로 개종하지는 않았던 것이다.

그들 민간의 신앙과 풍습을 버리지 않고 이전에 섬기던 모든 잡신들을 다 끌어안은 채 기독교를 받아들이게 됨으로써 사실상 여전히 수많은 잡신을 섬기고 있었다.

남녀 간의 사랑을 책임지는 신, 배탈을 낫게 하는 신, 안질을 고쳐 눈을 밝게 하는 신, 고통을 멈추게 하는 신을 비롯하여 수를 헤아릴 수 없는 신들을 섬겼다.

기독교라는 이름 안에서 나름대로의 숱한 무속적 종교가 혼합되고 또한 수많은 성자들도 만들어 가게 되었다. 문제는 이들이 섬기는 모든 신들에게 제사를 지내야 하는데 수없이 많은 신에게 일일이 제사한다는 것은 도저히 불가능하기에 꾀를 낸 것이 '만성절'이라는 절기를 만들게 된 것이다.

일만 만(萬), 거룩할 성(聖)! 어마어마하게 많은 성인들을 한꺼번에 통쳐서 제사를 드리고 섬기는 날을 11월 1일로 정하게 되었다. 그리고 바로 하루 전날, 10월 31일을 만성절의 전야제로 축제일을 정하게 된 것이다. 12월 24일 크리스마스이브와 마찬가지로 만성절 바로 그전 날 10월 31일, 이날의 축제일을 '할로윈 데이'로 부르게 되었다.

더욱이 이들이 생각하기를 한 해 동안 캄캄한 영계에 갇혀있던 그 많은 신들과 악령들, 마귀 할 것 없이 어마어마하게 많은 악마들이 만성절 하루 전, 10월 31일이 되면 지옥의 문이 열려 모든 존재들이 지상으로 올라온다고 믿고 있었다. 마귀, 악마, 사탄, 귀신, 성인....

각각의 이름으로 불리는 이것들과 함께 또 자기들이 지금까지 섬겼던 그 많은 신이 이 땅 위로 죄다 올라오므로 온 세상이 귀신들과 마귀와 악귀와 성인들의 천지가 되는 날인 것이다. 생각만 해도 등골이 오싹한 일이다. 사람들 또한 두려울 수밖에 없다.

악령들에게 나와 내 가족이 해를 당하거나 죽임을 당하거나 공격을 당하면 곤란하니까 집집마다 문 앞에다 좋은 음식을 차려놓았다.

죽은 이들의 혼을 달래고 악령을 위로하기 위해서다. 잘 드시고 잘 가시라는 일종의 제삿밥이라고 보아도 무방하다.

사람들은 갖가지 괴상망측한 가면을 덮어쓰고 무시무시한 뿔이 달리고 이빨을 드러낸 해골, 괴물들로 변장을 하고 검은색 옷을 걸치고 삼지창을 들고 돌아다닌다. 이것이 할로윈 분장 문화의 일반적인 모습이 되었다.

이러한 행동에는 2가지 목적이 있다. 첫 번째는 '너희들과 우리는 같은 편이다! 그러니 나를 해하지 마라. 건들지 마라! 우리는 전부 지옥에서 다 함께 올라온 동지들이야!'

자신들을 같은 편으로 착각하도록 기괴한 모습으로 꾸며 해코지와 저주를 피해 가려는 것이다.

두 번째 목적은 귀신들보다 변장한 자신들이 더 무섭게 보여 악마들이 그걸 보는 순간에 오히려 놀라서 도망가 버리게 하려는 의도도 숨겨져 있다. 그렇게 시작된 게 할로윈 데이다.

그러나 서양 전체가 할로윈 데이를 축제로 즐기지는 않는다. 유럽을 비롯한 서구에서는 할로윈이라는 것을 거의 찾아보기 힘들다고 한다.

그러나 미국을 비롯한 몇몇 나라, 특히 우리나라는 이 할로윈이라는 것의 본질적 의미도 알지 못한 채 지나친 상업화 방면으로 변질되어 버렸다.

할로윈 데이가 가까이 오면 수많은 할로윈 소품들이 판매된다. 귀신 복장, 드라큘라 이빨, 창, 칼, 유령 복장, 귀신 가면 등 어린아이들과 젊은이들을 겨냥한 거대한 장사가 시작된다.

최근 몇 년 사이에 우리나라도 할로윈 데이를 뜬금없이 수용하고 즐기기 시작했다. 공휴일 정도는 아니지만 이날이 되면 유치원, 학

원, 학교에서는 할로윈을 기념한다면서 난리가 날 지경이다. 아이들도 젊은이들도 그들에게는 참 신기하고 즐거운 기대감으로 홍분한다. 보통은 이렇게 말한다. 할로윈은 하나의 문화이고 축제이다.

이 세상에 다양한 축제가 있듯 그중에 하나로 보면 그뿐이다. 이런 문화를 문제 삼는 기독교가 오히려 별스럽다고 손가락질하기도 한다. 하지만, 조금만 더 유심히 들여다보면 이것이 진짜 순수한 문화와 전통이 아니라 모두가 속고 있는 무서운 영적 함정이 도사리고 있음을 알게 된다.

우리나라도 오랫동안 끊어지지 않는 문화와 전통이 있다. 전통과 문화라는 명분하에 최고로 속은 것은 단연 제사와 고사이다.

이것들이야말로 우리 민족 고유의 풍습이며 대대로 전해진 충효의 표본이라고 사람들을 속여 왔다. 악한 영들이 전통과 문화라는 것을 이용해 순진한 영혼들을 얼마나 넘어뜨리고 타락하게 만들었는지 알만한 사람들은 다 알고 있다.

할로윈 데이도 마찬가지다. 외국에서 건너온 문화적 축제니까 별 생각 없이 그냥 수용해 버리고 말았다.

"할로윈은 하나의 문화입니다! 외국에서도 즐기는 문화적 축제로 봐야지, 왜 유난스럽게 구는 겁니까?"

우리나라에서 존경받아 온 영적 지도자들과 학식높은 지성인들까지도 이렇게 말하고 있으니 안타까운 현실이다. 우리 어린 자녀들이, 젊은 청년들이 축제라는 이름으로 기괴하고 흉측한 가면을 덮어쓴 채 거리를 활보하고 있다.

음란과 술, 마약도 손쉽게 통용되며 이로 인하여 자신의 인격과 자아마저 몽롱한 상태가 되기도 한다.

비록 자기의 마음으로 고백하지 아니하고 자기 입으로 시인하지 아니했다 하더라도 이미 본질적 외형상으로는 이렇게 고백한 것과 다름없다.

"나는 마귀, 악귀, 악령들 너희들과 한통속이다! 나는 이미 너희와 원팀이다! 우린 친구야!" 이쯤 되면, 나중에 이 악한 귀신들이 우리의 다음 세대인 어린아이들과 청년들을 영적으로 넘어뜨리기 굉장히 쉬워진다.

이미 귀신들과의 원팀을 경험해 봤기 때문에, 이미 학습됐기 때문에! 이미 친숙하여졌기 때문에! 악령에 대해 두려움과 경계심을 크게 가지지 않게 된다.

오히려 그들과 똑같은 흉측한 모습으로 뛰놀던 기억으로 인해 영적인 무장해제가 쉽게 되는 것이다. 그런 줄도 모르고 우리의 자녀들은 마냥 낄낄 웃고 즐기며 돌아다니는 것이다.

호박에 구멍을 뚫어 불을 넣고 다니는 것의 의미는 더 기가 막힌다. 그것은 떠돌아다니는 악령들, 원한 맺힌 귀신들에게 길을 안내해 주는 등불 역할을 한다는 것이다. 우리로 말하면 저승길로 귀신을 인도하는 청사초롱 같은 용도로 쓰인다는 것이다.

별거 아닌 장난처럼 보여도 이 모든 일들이 모두 귀신들과 연관되어 있는 너무나 섬뜩한 일이다.

악은 어떤 모양이라도 버리라 _살전 5:22

아무것도 모르는 어린아이들에게 부모가 귀신 복장, 해골 복장을 입혀준다.

"아이고~ 귀여워라! 이쁘네!"

"아빠, 엄마! 우왕~ 무섭지? 깔깔깔!"

아이들이 좋아하는 모습을 보며 부모들은 흐뭇해한다. 더군다나 어린이집, 유치원, 학원, 학교에서도 할로윈 데이가 되면 할로윈 복장을 준비해서 입혀 보내 달라는 가정통신이 온다.

모든 아이가 다 입고 쓰고 가는데 우리 아이만 외톨이가 될 수 없지 않은가? 인터넷 쇼핑으로, 마트에 가서 부랴부랴 할로윈 복장을 구입하여 입혀 보낸다.

자, 이제부터 그 아이들의 영혼에 눈에 보이지 않는 영적 낙서가 획획 그려지기 시작한다. 하나님의 은혜와 빛과 진리가 있어야 할

아이들의 심령 속에 사악한 영적 물감이 흩뿌려진다.

'너는 마귀와 동질이야! 마귀와 같은 족속이야!'

이런 기막힌 일들이 문명의 시대에 암흑처럼 밀려들어 오고 있다. 할로윈 데이에 대해 딴지를 걸 생각은 추호도 없다. 그러나 영적인 눈을 뜨고 바라봤을 때 너무나 위험하고 해롭다는 것은 분명히 알려주어야만 하는 사명감으로 사실을 밝히는 것이다.

'문화와 축제이니 다 함께 지혜롭게 즐깁시다!'

라고 쉽게 말할 수 있는 일이라면 좋겠지만, 어떤 비난을 받더라도 이 일은 명확하게 밝혀야 할 우리의 책임이다.

작년, 할로윈 데이가 가까워 오자 유치원과 어린이집에 다니던 두 명의 손자들이 엄마가 사 준 할로윈 복장을 하고 우리를 놀라게 하려고 까꿍을 한다.

"할비, 나 유령이다! 무섭지?"

"할미, 나는 드라큘라야! 무섭지?"

깔깔깔 해맑게 웃는 모습은 귀여웠으나 순간, 가슴이 덜컹 내려 앉았다. 아내가 아이들을 모습을 보자마자 깜짝 놀라며 말했다.

"얘들아, 이건 별로 안 좋은 거다!"

"귀신 흉내를 내는 것은 좋지 않아! 버리면 어떻겠니?"

마음속으로 '오늘 아이들 울고불고 난리가 나겠구나.' 생각했다.

그런데 이게 웬일인가? 감사하게도 할머니 말을 듣고 순순히 귀신 복장들을 버리라고 내어주는 것이었다.

그리고 아내는 아이들에게 할로윈 데이의 무서운 비밀에 대해 알 아들을 수 있을 수준의 이야기를 차분하게 설명해 주었다.

"할비, 할미! 빨리 버려! 이제 안 입어도 돼! 징그러워!"

이렇듯 어린아이들도 이해를 하는데 지성을 가진 세대들이 여전 히 안갯속을 헤매는 길 잃은 사람처럼 악한 귀신들의 장난에서 벗어 나지 못한다면 부끄러운 일이다.

> 너희는 열매 없는 어둠의 일에 참여하지 말고 도리어 책망하 라 _엡 5:11

매년 할로윈은 돌아온다. 손자, 손녀들이나 아들, 딸들이 있다면 잘 설득하고 깨달을 수 있도록 차근차근 설명해 주면 어떨까?

앞으로 귀신놀이에 절대 동참하지 말자. 귀신들의 놀음에 함께 춤 추지 말자. 귀신들의 축제에 같이 몰려다니지 말자. 다시는 할로윈 데이라고 하는 이름 앞에 속는 일이 없도록 당부드리고 싶다!

* 이 내용은 2022년 할로윈 데이 이태원 참사 발생 이틀 전에 필자의 개인 유튜브로 방송했던 것으로써 이태원 참사에 대하여는 일체의 연관성 및 선입견이나 비난의 의도가 없음을 밝힙니다.

좀 더 일찌 알았더라면 더 좋았을
우리 교회, 내 신앙생활

4장

1. 내 인생에 잊을 수 없는 세 분의 목사님

내 인생에 잊을 수 없는 목사님 세 분이 있다.

첫 번째) 승용차 팔아먹는 목사님

전라도 광주 인근에서 목회하다 은퇴하신 목사님이다. 교회가 성장하던 초창기에 많은 어려움을 겪었다고 한다. 하지만 누구보다 열심히 교회와 성도들을 위해 눈물겨운 사역을 하셨다.

연약하고 힘들게 사는 성도들의 집을 일일이 심방하면서 애통의 눈물을 흘리는 진심 어린 모습에 성도들은 한없는 감동을 받았다.

목사님이 늘 대중교통을 이용하거나 걸어 다니며 심방하시는 모습이 안타까워 성도들이 마음을 합해 승용차를 구입해 드렸다. 목사님은 성도들이 선물로 준 차를 감사하게 받았다. 그런데 보름쯤 지난 후부터는 목사님이 그 차량을 운전하는 것을 본 사람이 없었다.

"목사님, 차 어떻게 하셨어요?"

"아, 예! 잘 있습니다. 감사합니다."

그러나 목사님은 여전히 대중교통을 이용할 뿐, 승용차를 타지 않았다. 수일이 지나 알아보니 목사님은 승용차를 이미 팔아버렸다는 것이다.

"아니, 목사님! 새 차를 팔면 어떡합니까? 목사님 타고 다니시라고 사 드린 것인데 왜 팔으셨어요?"

성도들은 속상하고 안타까운 마음이었지만 목사님은 태연하게 대답했다.

"여러분들의 마음은 정말 감사히 잘 받았습니다. 얼마나 감사한지요! 그런데 주변을 보니 제가 도저히 그 차를 탈 수가 없더라구요."

"왜요? 목사님!"

성도들은 의아해하며 물었다.

"심방하면서 보니, 우리 교회에 가난한 사람이 정말 많습디다. 힘들고 어려운 분들로 가득한데 저 혼자 편히 살자고 그 차를 탈 수가 없더라구요. 그분들을 어떻게 하면 도와줄 수 있을까? 아무리 생각해 봐도 방법이 없어 차를 팔아서 얼마간씩 나누어 드렸습니다. 미안합니다."

성도들은 볼멘소리로 목사님에게 불만을 표시했다.

"아니, 목사님! 우리 교회에 구제비도 있고 전도비도 있는데 그걸 쓰시면 되지 굳이 차를 팔아서 왜 도와주세요? 저희들한테 말씀하시죠? 아이고, 목사님도 참!"

목사님의 따뜻한 마음에 감동한 성도들은 얼마 후, 또다시 차를 구입해 드렸다. 차량이 없이 다니는 목사님이 너무 힘들어 보였기 때문이다. 그런데 목사님은 두 번째 사 드린 그 차를 타셨을까?

우려했던 대로 목사님은 또다시 차를 팔아넘기러 중고차 매장으로 간 것이다. 성도들이 한 번 당하지 두 번 당하겠나? 차를 팔 수 없었다. 차량 명의가 다른 사람과 공동으로 되어 있어 목사님이 임의로 팔 수 없도록 만들어 놓았던 것이다.

그 일 이후 한참이 지난 후, 성도들이 목사님 사택을 위해 아파트를 분양받았는데 입주가 시작되었어도 목사님은 입주하지 않고 있었다.

"목사님, 왜 이사를 안 하세요? 입주기한 넘깁니다. 얼른 입주하세요"

"알겠습니다. 곧 그렇게 하죠. 빨리 들어가겠습니다. 그런데 조건이 있습니다."

"뭔데요? 목사님?"

"우리 교회 성도님들 중에서 형편 어려운 분들이 그런 아파트에서 살 정도쯤 되면 그때 거기에 들어가 살게요. 사랑하는 성도들은 그런 곳에서 살아 보지도 못 하는데 나 혼자 편하게 어떻게 거기서 살겠어요?"

생각할 때마다 이렇게 가슴 찡하게 만드는 목사님도 있다. 어디 이런 목사님이 한 분뿐이겠는가?

이름도 없이 빛도 없이 성도들을 사랑하는 목사님들로 인하여 오늘도 살맛이 난다.

두 번째) 파격적인 조기 은퇴 목사님

50년간 친구로 지내는 목사님으로부터 전화가 걸려왔다.

"박 장로, 다음 주 수요예배 때 우리 교회에 와서 기도해 줄 수 있소?"

"아따, 목사님! 수요예배 기도하러 그 먼 데를 오라고 하요? 네 시간 넘어 운전해야 하는데 너무 무리여."

"아, 그게 아니라 내가 다음 수요일에 목사 은퇴 예배를 드리려 한다네!"

"응? 정년이 아직 남았는데 벌써 은퇴라니 이해가 안 되네? 무슨 특별한 이유라는 있는가?"

"사실 내가 지금 섬기는 이 교회에 부임할 때, 하나님 앞에 우리 부부가 남몰래 기도하고 약속한 게 있다네. 원로 목사가 되기 전에 미리 은퇴를 하고 조용히 물러나겠다고 약속했는데 이제 곧 20년이 다 되어 가네."

"생각해 보소! 내가 이 교회에 와서 우리를 이렇게 먹여 살려 주시고 우리 자녀들을 공부시켜 결혼까지 시키게 하신 하나님의 은혜와 성도들의 사랑이 얼마나 감사하오?"

"지금까지 주신 은혜도 감사한데, 원로목사로 은퇴해서 또 교회에 내 평생 부담을 주면 되겠소?"

교단 법과 관습에 따르면 원로목사가 되면 교회 형편에 따라 사망 전까지 일정 생활비를 지급해 드린다. 교회가 20년 이상 시무하고 은퇴한 원로목사님의 노후를 돌봐주는 좋은 제도이다. 그런데 친구 목사님은 그것도 과분하다는 것이었다.

"그래서 미리 그만두려고 하오. 다음 주 수요일에 깜짝 은퇴예배를 드리려고 준비하고 있다오. 교회에 더 이상의 부담을 드릴 수 없어요."

아무나 할 수 없는 용기이기도 하며 찡한 울림을 주는 말이었지만 순간적으로 한 가지 걱정이 앞섰다.

"목사님은 본인의 계획과 기도의 서원을 이루어서 좋긴 좋소만 다른 교회 목사님들이나 일반 성도들에게 어떤 영향을 미칠까 생각은 해 보았소?"

"물론 나도 많은 고민을 했다네. 나만 잘난 척하는 것이 아닌가? 어려운 형편에 계신 목사님들이 참 많은데 그분들에게 부담을 드리는 것 같아서 마음이 편치는 않아."

많이 고민했다고 했다. 하지만 하나님께 드린 자신의 마음을 꼭 지키고 싶다고 했다. 많은 성도들의 적극적인 만류에도 불구하고 결국 그는 원로 목사로서 추대 받기 직전에 조기 은퇴를 했다.

생각하기에 따라 다른 의견도 있겠지만, 어쨌든 참 멋있는 내 친구 목사님!

세 번째) 임신한 미혼녀의 남자가 목사님?

"우와, 목사님 진짜 미남이시네요!"

미국 중부지역에 있는 한인교회를 담임하시던 목사님을 만나는 사람마다 탤런트 뺨칠만한 잘생긴 모습에 사람들은 놀란다.

외모도 출중한 훈남이지만 인격도 깊고 목회도 잘 하셔서 교회 안팎에서 칭찬이 자자한 분이었다.

모두가 그를 이상적인 목회자라 여길 즈음, 교회 안에서 전혀 예상치 못한 일이 벌어졌다.

여자 성도 중 한 명이 어느 날부터 점점 배가 불러오기 시작한 거였다. 축하받을 일이었지만 모두가 놀라고 황당해 한 것은 이 성도가 독신녀라는 점이었다.

"애기 아빠가 누구야? 결혼식은 언제 할 거야? 우리가 아는 사람이야?"

사람들이 끈질기게 캐묻자 늘 웃기만 할 뿐 대답이 없던 이 여성이 자기의 가장 친한 친구에게 이렇게 말했다는 것이다.

"아무한테도 말하면 안 돼! 절대 말하지 마! 특급 비밀이야! 사실은 우리 목사님이 아기 아빠야"

비밀이 있을 수 없다. 삽시간에 교회에 이 소문이 퍼져나갔다. 교회 중직자들이 이 소문을 듣고 긴급회의를 하며 사실 확인에 들어 갔다.

"목사님, 이 소문이 진짜 맞습니까? 그 여자 성도와 부적절한 관계를 맺은 게 맞습니까? 해명해 주셔야 합니다!"

목사님은 수심에 가득 찬 얼굴로 대답했다.

"이 내용을 누구누구가 알고 있습니까?"

"차마 입에 올리지 못하고 있을 뿐, 온 교우가 다 알고 있는 일입니다."

"알겠습니다. 그럼 더 이상이 문제를 입에 담지 마시고 제가 그냥 이 교회를 조용히 떠나겠습니다."

목사님은 바로 짐을 싸서 미국 땅 제일 위쪽, 먼 곳으로 옮겨 가 버렸다고 한다. 임신한 여자 성도도 차마 얼굴 들고 다니기가 창피하니 소리 소문 없이 어디론가 사라져 버렸다고 한다.

한 동안 교회는 술렁거리고 어수선했지만 시간이 약이라고 하듯이 일은 서서히 잊혀지고 새로 부임한 목사님을 중심으로 교회는 정상을 되찾았다.

그 후로부터 2~3년 정도 지난 때 그 교회는 다시 큰 난리가 났다. 소식을 감추고 꼭꼭 숨어 버렸던 이 여성이 다른 지역에서 아기를 낳고 생활하는 모습을 우연히 그곳에 여행을 갔던 교인 중 한 사람이 목격했다.

세상에 이게 웬일인가? 아기가 남미 계통 혼혈아였다. 이 여성은 울음을 터뜨리며 비로소 진실을 털어놓았다.

"아, 그때 너무 부끄럽고 당황해서 나도 모르게 목사님 핑계를 댔는데 이렇게까지 상황이 악화될지 몰랐어요. 그리고 목사님이 너무 좋아서 늘 사모하던 터라 아기 아빠가 목사님이었으면 좋겠다는 어리석은 상상에 그런 거짓말을 한 거예요. 죄송해요. 정말 죄송합니다."

이 사실을 알게 된 성도들은 망연자실하고 황당한 죄책감으로 목사님이 어디에 계시는지를 수소문했고, 조그마한 개척교회를 하고 계시는 그분을 장로님들이 찾아가서 만나게 되었다.

"목사님, 그때 목사님이 바로 말씀하셨으면 상황이 이렇게까지는 안됐을 거 아닙니까? 왜 당시에는 아무 말씀도 안 하셨습니까? DNA 검사라도 했으면 판명될 일인데 왜 침묵하셨어요?"

목사님은 빙그레 웃으며 대답했다.

"지금이야 장로님들이 이렇게 말씀하시지만, 그때 제가 아무리 아니라고 했어도 제 말을 누가 믿으려고 했을까요? 구차한 변명이라고만 했을 겁니다."

"끝까지 시시비비를 가리자고 버텼으면 교회는 어떻게 됐을까요? 풍비박산이 났을 겁니다. 교회를 살려야죠. DNA 검사를 하느니 마느니 하는 그 순간부터 오물이 모두에게 튀는 것이죠. 선량한 교인들이 더 큰 상처를 받는 것이 안타까워서 조용히 떠나왔습니다."

선을 행함으로 고난을 받고 참으면 이는 하나님 앞에 아름다우니라 _벧전 2:20

말씀을 이어갔다.

"하나님이 살아계시는데 언젠가는 진실을 알게 되는 날이 올 거라 믿고 있었습니다. 그리하지 아니해도 어쩔 수 없었겠지만, 그런데 생각보다 빨리 실상이 밝혀졌네요. 허허허."

장로님들은 부끄러움과 존경심으로 고개를 들 수 없었다고 했다. 온 교회도 물론 그러했다. 대한민국 방방곡곡에도 이와 같은 중심과 마음을 가지고 오직 주님과 교회를 위하여 아름답게 목회하는 목사님들이 참으로 많다. 그래서 암담해 보이는 이 세상에서도 위로를 받는다.

세간에 눈살을 찌푸리게 하는 목회자들의 이야기도 심심찮게 들린다. 교회 재정은 바닥이며 하물며 월세 낼 돈도 없는데 목회자가 자신의 자녀들 몇 남매를 외국으로 유학을 보냈다고 한다. 교회가 빚을 져가며 유학 비용을 감당하게 되었다는 말도 들었다.

이를 바라보는 성도들의 마음이 어떨까? 목회자의 안전을 위해 최고급 승용차를 뽑아내라고 주장하는 목회자를 볼 때 성도들은 얼마나 큰 상처를 입게 될까? 성도들이 그러한 목회자의 설교와 목양에 과연 은혜를 받고 소망을 가질까?

매주 설교 때마다 다른 사람의 설교를 카피하고 인터넷에서 짜깁기한 내용을 그대로 낭독하는 수준의 목회자에게 성도들은 무엇을 기대할 수 있을까? 이런 목사님도 계시고 저런 목회자도 있다.

어느 쪽이든 여전히 이 땅에 발붙이고 함께 살고 있기 때문에 갈등은 여전하고 문제는 언제나 복잡하다. 신앙생활을 하다 보면 필연적으로 교역자나 교우 간에 문제가 생기기 마련이다. 그럴 때 우리는 어떻게 하는 것이 가장 좋은 길일까?

첫 번째, 절대 싸우지는 말자! 다투어봤자 어떤 답도 나오지 않는다. 얼굴을 맞대고 싸울 정도까지 왔다면 이미 서로의 마음은 극과 극으로 멀리 달아나 있다. 결코 대화로 풀어갈 수가 없다. 자신의 정당성과 주장만 내어놓고 다투는 가운데 갈등만 더 커지는 것은 당연한 일이다.

이럴 땐, 그냥 조용히 교회를 빠져나오는 것이 최고로 현명한 방법이다. 옛말처럼 '핫바지 방귀 새듯이' 소리 없이 그냥 사라지는 것이 상책이다.

사울과 다윗 이야기는 알 만한 사람은 다 알듯이 사울이 다윗을 죽이려고 광분하던 중, 다윗이 굴속에 혼자 있는 사울을 발견했다. 원수를 갚을 절호의 기회였다. 하지만 다윗은 사울 임금의 옷자락만 살짝 베어서 나온다. 지금으로 말하자면 인증샷만 찍었다.

'사울 임금님! 내가 당신을 죽일 수 있었지만 죽이지 않았습니다. 제가 다녀갑니다.' 후에 다윗은 자신을 해하려 했던 사울의 옷자락을 베어서 나온 것조차 후회하고 회개한다.

하나님이 세우신 영적 권위에 대한 이해의 폭과 넓이를 생각하면 평신도들은 때로 억울할 만큼 답답할 때도 있다. 성도들은 가난으로 힘든 삶을 살고 있는데 혼자 배불리는 나쁘고 파렴치한 목회자라 하더라도 일단은 하나님께서 기름 부어 세운 종이라는 것 때문에 참아야 한다는 억울한 갈등이 있다.

이런 경우에 하나님의 권위에 끼어들어 괜한 왈가왈부할 필요가 전혀 없다. 그냥 조용히 소리 없이 빠져나오는 것이 서로가 사는 방법이다. 하나님과 그 목회자와의 관계는 나중에 1대 1로 최종 개인적 결산이 될 것이니 그 계산에 끼어들 이유가 전혀 없다. 거기에 잘못 휘말리면 우리 영혼은 여지없이 망가진다.

교회를 옮기면 하나님께 벌받는다는 말도 진실이 아니다. 절대 싸우거나 다투지 않고 조용히 물러 나와 내 영혼을 맡길 수 있는 좋은 교회를 찾는 것이 정말 현명한 방법이다.

기도하는 교회, 양 떼를 사랑하는 귀한 목회자가 정말 많다. 일생을 맡길 수 있는 그런 교회에서 나머지 삶을 아름다운 신앙으로 살아가는 것이 최고의 행복이다.

두 번째, 교회를 떠나는 것보다 더 중요한 것은 나에게 상처 준 목회자를 위해 기도해 보는 것이다.

기적 같은 역전 드라마를 만들어 볼 수 있다. 상식적으로는 말이 안 된다. 내 마음에 도저히 용납할 수 없는 목회자를 위해 기도한다는 것은 실제적으로는 불가능에 가까울 것이다. 그래도 한 번 해볼 만한 가치는 있다.

'하나님, 내가 누구를 정죄하고 누구를 판단하겠습니까? 부족한 제가 우리 목사님을 위해 기도합니다. 잘못이 눈에 보이고 삶이 어긋나 보이는 목사님이지만 비난하지 않고 마음에 품고자 합니다. 목사님이 빨리 돌이켜서 가장 귀하고 아름다운 목회자로 쓰임 받을 수 있도록 도와주십시오.'

이렇게 기도하는 사람이 진정한 승리자일 것이다. 내가 드린 이 기도가 합당하면 그 목사님이 돌이켜 진정한 일꾼이 되는 은혜가 있을 것이고 만약 도저히 그리하지 않다면 그 기도가 다시 내게로 돌아오게 된다. 이 엄청난 하나님의 은혜로운 방법 앞에서 마지막 역전 홈런을 쳐보는 것이 어떨까?

2. 목회자를 수시로 바꾸는 교회에는 이것이 있습니다

2021년에 장로 은퇴를 했다. 교단법에 따라 70세가 되면 시무장로에서 물러나게 된다. 20년 이상 한 교회에서 장로로 사역하다가 은퇴할 때가 되면 전 교인의 공동회의를 거쳐 3분의 2 이상의 찬성이 있으면 원로 장로로 추대되어 은퇴한다.

30여 년 가까이 교회를 섬겨 왔으나 사실 나는 원로 장로로 추대되는 것에 부담을 가지고 있었다. 거의 매주 간증 집회를 다니다 보니 우리 교회 봉사를 남들처럼 충성되이 하지 못했다. 그런 내가 원로로서의 자격이 될까 싶은 자격지심이 들었다. 그리고 더 큰 부담은 전 교인의 투표 절차를 거치기 때문이었다. 3분의 2 이상 찬성이야

받겠지만 그래도 혹 모를 몇 표의 반대라도 나올 경우 스스로의 자존심이 허락하지 아니할 듯한 살짝 교만한 마음도 있었다.

"목사님, 저는 그냥 조용히 은퇴하겠습니다. 꼭 원로장로 되는 거 원치 않습니다."

그러나 담임 목사님과 주변 분들의 설득 끝에 결국 자의 반, 타의 반으로 원로장로 추대 투표를 거쳐 은혜롭게 은퇴하게 되었다. 과연 반대 표가 얼마나 나왔는지 궁금하겠지만 이건 아름다운 나만의 비밀이다.

"그런데 원로장로가 되면 대체 뭐가 좋습니까? 월급이 나옵니까?"

혜택은 전혀 없다. 다만 오랜 세월 떠나지 않고 한 교회를 섬겼다는 자긍심의 이름이 남는 것 외에는.

장로가 되고 나면 집사 때 겪지 못했던 다양한 일을 많이 경험하게 된다. 대부분 문제의 90% 이상이 담임 목회자와의 관계에서 비롯된다. 집사 시절에는 열정적이고 순종적이었던 온유한 분이 장로로 임직을 받게 되면 갑자기 달라지는 경우가 많다. 얼굴 모습부터 달라진다. 엄격해지고 굳어지는 표정 뒤에는 장로로서의 사명감이 자리 잡고 있기 때문이다.

교인들의 대표가 되었다는 사실 앞에 책임감이 앞서기 때문이다.
(목사는 교회의 대표, 장로는 교인의 대표)

그때부터 장로로서 다양한 의견을 가지고 목사님과 머리를 맞대고 의논도 하고 당회를 한다.

　목회자와 장로들의 마음이 하나가 된다면 얼마나 좋을까?
　그러나 같을 수가 없다. 보는 관점도 다르고 생각하는 방향도 다르다 보니 입장 차이가 생기게 된다. 결국은 갈등이 시작되는 것이다. 예수님은 구름을 타고 오신다고 하는데 마귀는 '틈'을 타고 온다는 말이 있다.
　잘하자는 의도들이 부딪치면 틈이 생기고 오해와 감정의 갈등이 점점 커진다. 당연히 설교 말씀도 귀에 들어오지 않는다. 하나님 말씀 앞에 하나가 되지 못하고 서로가 심령에 중병이 들기 시작한다. 분노의 감정은 사그라들지 않고 무리를 짓기 시작한다. 결국 마지막 카드를 꺼낸다.
　"목사님, 좀 나가 주세요! 우리 교회와 맞지 않아요! 나가주세요!"
　장로들이 흔히 휘두르는 제일 무서운 카드다. 우리 주변에 이런 일들은 정말 많다. 핑계 없는 무덤은 없다. 이유는 다 있다. 장로들이 내민 카드를 목회자가 받을 때 어떤 반응을 보일까?
　"나가겠습니다."
　바로 나가는 목회자는 거의 없다.
　"왜요? 무엇 때문에 내가 나가야 돼요?"

시시비비가 가려져야 되고 그때부터 이제 전쟁이 시작된다. 나가라! vs 못 나간다! 이 싸움이 시작되면 치열하고 무서운 전술과 전략이 총동원된다.

연판장이 돌기 시작하고 투서가 들어오고 진정서가 들어가고 노회에 고소장이 들어가기 시작한다. 형사고소, 고발까지도 불사한다. 하나님의 집에서 상상도 못할 일들이 일어난다.

이 전쟁에 휘말리면 절대 안 된다. 목사님을 옹호하는 무리 vs 반대파, 장로들을 지지하는 무리. 두 패로 갈라져 서로를 흠집 내며 교회는 급격히 쇠퇴해 간다. 교인들이 뭉치면 정말 싸운다. 조직폭력배 간의 싸움은 따라올 수도 없다.

왜 잘 싸울까? 기도하며 싸우기 때문이다. 십자가를 들고 싸운다. 찬송하며 싸운다. 이런 싸움을 말릴 수 있는 사람이 어디 있을까?

결국에는 목회자가 나가게 된다. 자의든 타의든 나간다. 목회자가 힘이 없어서 밀려나가는 경우도 있지만 때로는 교회를 향한 목사의 마지막 양심이 작동되어 이삿짐을 싸기도 한다.

'계속 이대로 가다가는 교회가 공중분해가 될 게 뻔하다. 그래! 차라리 내가 나가자.'

결국 수단 방법을 가리지 않는 싸움을 통해서 목회자를 내보낸다. 그리고 또 다른 목회자를 초빙한다. 교인들은 굉장한 것을 학습하게 된다.

'우리가 해냈다.' '쉽다.' '목사를 내보냈다.' '우리가 교회를 살렸다.'

한 번의 성공을 거두고 나면 두 번째 세 번째는 식은 죽 먹기다. 학습된 것은 거침없이 다음 단계로 돌아간다. 어떤 교회는 3년, 2년 주기로 목회자가 바뀌는 비극을 스스로 만들고 있다.

지금은 하늘나라로 가신 선배 장로님이 우리끼리 모인 곳에서 불쑥 이런 말을 했다.

"장로님들! 우리가 목사님을 모시고 교회를 섬기는 동안 목사님이 목양을 위해 안건을 내놓으실 때, '아니오'는 물론이고 '왜'라고도 따지지 말고 항상 '예'로 순종하며 목회를 도우도록 합시다."

젊은 장로들 몇몇이 합당한 반론을 제시한다.

"목사님이 전능한 신이 아닌데 상황을 바로 보지 못할 때도 있고 관점이 틀릴 때도 있는데 그때 장로들이 조언하고 방향을 바로잡아 줘야지요. 그것이 장로의 직분이 아닐까요?"

"아니요. 목사님의 사소한 실수도 다 성령님께 맡겨야 되는 겁니다!"

"목사님이 바람을 피우든지 공금을 횡령하든지 이단을 끌고 들어오는 경우에는 목숨 걸고 절대 아니 되오! 하지만 그 외에는 웬만하면 다 성령님에게 의탁하고 가 봅시다!"

귀하고 훌륭한 수석 장로님이 좋은 전통을 세웠다. 얼핏 생각하면 바보스러운 장로들이라고 할지도 모르겠다. 힘없는 거수기 장로, 어용 장로라고 치부할 수도 있겠지만 깊은 의미가 담겨 있음을 안다.

누가 누구에게 불만이 있거든 서로 용납하여 피차 용서하되 주께서 너희를 용서하신 것 같이 너희도 그리하고 _골 3:13

오래전, 지방에 있는 어느 교회에 집회를 갔다. 당회장실에 함께 모여 앉았는데 목사님과 장로님들의 대화하는 모습들이 참 보기 좋았다. 한 가족처럼 느껴질 정도였다.

"박 장로님, 우리 분위기 참 좋아 보이죠?"

"예! 엄청 좋으네요!"

"지금은 분위기 좋지만 저 장로님들이 어땠는지 아십니까? 내가 처음 이 교회에 초빙되어 온 지 1년 만에 나를 쫓아내려고 얼마나 나를 못 살게 했던지 정말 힘들었어요."

장로님들이 머쓱해하면서도 껄껄 웃으며 손사래를 쳤다.

"아이고, 목사님! 지난 일을 왜 이야기하십니까? 다 옛날 일인데요"

"하하하~ 박 장로님, 지금 말한 저 장로님이 주동자예요. 그리고 나머지 장로님들 전부 공범이었죠."

"그래서요?"

"장로님들이 하도 나가라고 하니 제가 결국 졌어요. 일단 나가기로 했어요! 대신 한 달만 기도하고 응답받을 시간을 달라고 말미를 얻었죠."

정확히 한 달 후에 장로님들이 우르르 몰려왔단다.

"목사님, 결정됐습니까?"

"예, 결정되었습니다. 그런데 막상 나가려니까 복잡한 게 한두 가지가 아니네요. 이삿짐도 새로 싸야 하고 애들도 전학 온 지 얼마 안 돼서 또다시 전학을 가야 하니…. 차라리 장로님들이 나가세요."

"장로님들이야 뭐, 성경 한 권만 달랑 들고나가면 그만이잖아요! 장로님들 나가세요! 저는 그냥 이 교회에 있을랍니다."

돈키호테 같은 대답을 하니 장로님들이 기가 막혀서 서로 쳐다보며 웃기 시작하더라는 거다.

"허허허."

그 웃음을 시작으로 교회가 서서히 하나 되기 시작했다고 한다. 물론, 그 과정이 순탄하지만은 않았지만 그런 과정을 거쳐서 지금은 누구나가 부러워하는 아름다운 교회가 되었다고 한다.

그 목사님은 지금 하늘나라에 계신다. 만약 이 글을 그 교회 장로님들이 읽고 있다면 그 당시 생각에 웃음 지을 것이다.

갈등도 오해도 마음만 바꾸면 아름답고 풍성한 관계로 한순간 변하게 된다.

목사님은 한 사람이고 장로들은 수가 많다. 우세한 숫자를 가진 사람들이 더 져 주고 품어야 하는 것이 이치에 맞다. 수적으로 우세한 사람들이 그 수를 믿고 힘을 사용하게 되면 얼마나 위험해지는지 우리는 보고 있다.

당회가 틈이 생겼다면 이유 없이 속히 틈을 때워야 한다. 그 틈새를 메우는 작업이 어려울 수밖에 없지만 짧은 시간 내에 주님이 주신 초강력 접착제인 '사랑'으로 '용서'로 '화해'와 '이해'로 이제 그 벌어진 것을 메워 튼튼한 공동체로의 회복과 은혜를 찾아가야 할 것이다. '마귀는 틈을 타고 온다!'

3. 교회 봉사하기 전에 꼭 알아야 할 일

"장로님, 저는 교회를 막 다니기 시작한 초신자예요. 교회에서 봉사를 하고 싶은데, 어떤 봉사를 하면 좋을까요?"

'봉사'라는 단어는 익숙하면서도 부담스러운 단어이다. 30년을 넘게 간증 집회를 다니다 보니 내가 몸담고 있는 교회 봉사에는 오히려 소홀한 점들이 많아 하나님과 교회 성도들 앞에 늘 마음 한구석이 죄송스러웠다.

그런데 막 교회를 다니기 시작한 분의 이메일을 받고 나니 교회를 사랑하는 따스한 그 마음에 나 자신이 살짝 부끄러워졌지만 생각나는 대로 교회에 대한 봉사를 생각해 보았다.

교회를 내 몸처럼 아끼며 헌신하는 사람들의 여러 모습 중 차량 봉사가 제일 먼저 떠오른다.

교회 입구에 서서 비가 오나, 눈이 오나 한결같이 차량을 안내하는 분들을 보면 존경스러운 마음이 떠나지 않는다.

종종 말을 잘 안 듣는 교인들도 있다. 우측으로 가라고 하면 좌측으로 가고, 참 힘들 것이다. 그래도 고된 일만 있는 것은 아니다.

봉사를 하다 보면 점점 많은 성도들과 얼굴을 익히게 되어, 모르는 교인이 없을 정도가 된다. 운전자뿐만 아니라 옆에 탄 가족들에게까지 알려진다.

봉사는 고되지만 많은 성도들을 알게 되고 교감할 수 있다는 것이 행복한 일이라고들 한다.

"장로가 되고 싶으면 차량 봉사하는 것이 제일 좋다고 합디다. 짧은 시간 내에 모든 교인들의 눈도장을 가장 확실하고 많이 찍을 수 있으니까 최고죠."

가끔 듣는 말이지만 왠지 개운치 못한 느낌이 들고 또한 사심 없이 봉사하는 분들에게 대한 무례함 같기도 하여 크게 동의하지는 않고 싶다.

주일학교 교사는 눈물의 헌신자들이다. 일찍부터 교회에 와서 학생들 맞을 준비를 한다. 예배 전날은 아이들에게 심방 전화도 돌려야 된다. 수많은 행사를 위해 주말을 반납한 채 선물 구입, 캠프 준비, 성경학교 준비 등 열정을 불태운다. 교회에 없어서는 안 되는 귀한 헌신자들이다. 교사는 영적 전쟁의 선봉장이다.

아이들 중엔 순수하고 은혜로운 마음을 가진 경우도 있지만 대개는 세상의 문화와 가치관에 익숙해져 있다. 이 아이들의 영적인 장래를 책임져야 될 사람들은 바로 교사다. 1주일 내내 꼭 붙어있을 수는 없지만 부모 다음으로 아이들의 인생을 붙잡아줘야 할 책임이 있다. 어릴 때는 주일학교에 다녔지만 성인이 되면 수많은 사람이 교회 생활을 접게 된다. 이것을 극복하기 위해서라도 혈과 육의 씨름이 아닌 영적인 교사가 되어야 한다.

중등부 교사로 봉사할 때, 공과 시간에 아이들의 장래 희망을 물었다. 다들 이런 저런 사람이 되고 싶다고 하던 중에 한 학생이 말했다.
"나는 포르노 배우가 될 거예요."

표정을 보아도 장난이 아니라 아주 진지했다. 충격을 받은 내게 그 아이는 오히려 포르노 배우의 좋은 점을 내게 설득하려고 하였다.

그때부터 긴 시간 동안 이 아이와 함께 말씀의 양육과 기도로 붙드는 영적 전쟁을 치루어 나갔다. 지금 성인이 된 그는 다행스럽게도 포르노와 전혀 상관없는 건전한 사회인으로서의 삶을 살아가고 있다. 교사는 공부해야 하는 봉사자, 헌신자이다.

수많은 질문 앞에 교사는 서 있다. 진화론, 창조론은 무엇이며, 하나님은 뻔히 아시면서도 왜 선악과를 만드셨을까? 아이들은 가차 없이 질문한다. 어떻게 대답할 것인가?

"선생님, 지구과학에서는요, 45억 년이라 그러는데요. 왜 성경에서는 6천 년이라 그래요? 몇 십만 년, 몇 억 년이 걸려 만들어진 화석이 막 발굴되는데 왜 연대가 맞지 않는 거예요? 과학이랑 신앙은 서로 다른 건가요?"

어떻게 대답할 것인가? 교사는 많이 공부해야 한다. 대충 넘어 가서는 절대 안 된다. 아이들은 단순해 보여도 의외로 예리하고 섬세하기에 정확한 신앙의 핵심을 넣어 주어야 한다.

교사로 헌신한다는 것은 아이들을 위한 것이자, 자신을 훈련시키는 배움의 땀방울이기도 하다.

식당 헌신은 보이지 않는 3D 헌신이라고 한다. 식당 뒤 켠에서는 항상 뜨거운 불이 있고 저만치에는 끝이 없는 그릇들이 넘쳐난다.

집에서 하는 것도 힘든데 주일날 교회에 와서까지 이 일을 해야 한다. 재료를 썰다 보면 칼에 손이 베이기 일쑤고 땀으로 온통 범벅이 된다. 알아주는 사람이 있나? 또 그냥 먹나? 맛이 있다 없다, 짜다 달다 난리도 아니다. 그럼에도 불구하고 교회 식당은 보이지 않는 손길로 늘 돌아가고 있다. 그러나 하나님은 안 보이는 곳에서 가장 낮은 곳에서 남들이 하기 힘들어하는 그곳에서 땀을 흘리는 일꾼들을 기억하시고 사랑하실 것이다.

하나님을 위하여, 교회를 위하여, 성도들을 위하여 헌신하는 그 모습을 분명히 기뻐하시리라. 틀림없다.

매주 강단을 아름답게 장식하는 헌신자분들도 계신다. 빠짐없이 화원에서 싱싱한 꽃을 가져와 자르고 꽂으며 힘든 일을 한다. 정말 섬세한 손길이다.

강단 앞을 장식한 꽃꽂이를 찬찬히 들여다보면 풍성하고 아름다운 자태가 참 보기 좋지만 그 뒤편을 보면 보통은 앞쪽과는 좀 다르다. 앞과 뒤가 다르다. 앞은 분명 풍성한데 뒤는 대충 모양만 낸다. 꽃값도 비쌀 뿐 아니라 성도들이 뒤는 볼 일이 거의 없으니 당연히 그렇게 할 것이다.

집회를 가면 나는 강단에 앉아 있기 때문에 내게는 늘 꽃꽂이 뒤편, 풍성하기 보다는 뭔가 좀 엉성해 보이는 모습에 익숙해져 있을 정도다.

오래전 서울에 있는 y 교회에 집회를 갔다. 그 교회에는 내가 가장 존경하는 대선배님이 장로님으로 시무하고 계신다. 강단에 앉아서 집회 준비를 하고 있는데 문득 내 눈에 보이는 꽃꽂이의 뒷부분이 그렇게 풍성하고 아름다울 수가 없었다. 놀라울 정도였다.

'실수로 혹시 앞뒤가 바뀌어 잘못 놓았나?'

살그머니 일어나서 앞으로 나가 살펴보아도 앞뒤가 똑같이 풍성하고 아름답게 장식되어 있었다.

"성도 여러분, 제가 지금까지 많은 곳에 집회를 다니면서 이렇게 앞과 뒤가 똑같이 풍성한 꽃꽂이를 처음 봤습니다. 이것을 보면서 집회 시작 전에 제가 먼저 은혜를 받았습니다."

"이 꽃꽂이 하나가 교회의 모든 것을 웅변해 주고 있는 것 같습니다. 표리부동하지 아니하는, 말과 행동이 같은, 앞뒤가 같은 고백인 듯합니다."

하나님과 사람 앞에서도 거룩한 진실과 성실의 삶이 다르지 않아야 할 모습을 꽃꽂이 하나에서도 배울 수 있을 것이라는 말씀을 나누었다.

"박 장로…, 우리 교회 그 꽃꽂이는 우리 아내 권사가 맡아서 하고 있다네."

집회 후 식사 자리에서 송 장로님이 쑥스러운 듯 그러나 조금은 대

견스러운 듯 꽃꽂이의 비밀을 밝혔다.

성가대도 빼놓을 수 없다. 많은 이가 헌신하는 기관 중에서 유일하게 군대의 이름을 쓰는 곳은 성가대밖에 없다.

근래는 찬양대라고 부르는 경우가 많지만. 성가대(聖歌隊), 군사들이나 군대처럼 편성된 무리를 뜻하는 대(隊)를 쓴다.

성경에도 때때로 하나님께서 이방 족속과 전쟁할 때에 제일 앞 편에 성가대를 세우곤 하셨다. 전장의 앞쪽은 어떤가? 화살이 빗발치고 창과 칼이 오가는 전쟁터에서 앞장서야 할 사람은 방패를 든 사람이어야 되는데 하나님은 그 사람들보다 성가대를 앞세워서 그들을 먼저 나가라고 하신 것이다.

하나님의 은혜는 신묘막측하다. 총과 칼을 든 군대보다도 더 강력한 군대가 성가대의 찬양이라는 것이다.

우리 교회 김 장로님은 오래전부터 성가대 지휘를 도맡아 왔다. 똑 부러지는 성격과 맺고 끊음을 정확히 하는 칼과 같은 성격의 소유자이다. 어느날 성가대원들에게 공지했다.

"8시 땡 하면 문 잠글 테니 연습 시간 맞춰 모입니더! 분명히 공지했습니더."

주일 오전 8시 땡 하면 바로 성가대 연습실 문을 안에서 잠가버린다. 1분 2분 늦게 도착한 사람들에게도 일체의 자비는 없다.

"집사님들은 오늘 성가대에 설 자격이 없습니다. 하나님을 찬양하는 사람들이 약속된 시간을 어기는 거 용납이 안 됩니더."

간발의 차로 늦게 도착한 성가대원 대 여섯 명이 연습실에 들어가지 못하고 문밖에서 발만 동동 구르고 서 있다.

"박 장로님, 성가대 지각한 분들이 연습실에 못 들어가고 밖에서 애태우고 있습니더. 빨리 한 번 가보이소."

S.O.S 연락을 받은 나는 날듯이 뛰어간다. 문 앞에 서서 안절부절하고 있는 성가대원들을 보면 때로 신기하다는 생각도 하게 된다. '기분 나쁠 텐데, 웬만하면 나 같아도 그냥 되돌아 갔을낀데..돈을 받고 하는 것도 아니고... 참 대단한 사람들이네.'

내가 성가대실 문을 두드린다.

"박 장로입니더! 문 좀 여세요."

안에서 김 장로가 외친다.

"박 장로님, 이러지 마이소! 안 돼요, 안 돼요."

"그게 아니고 내가 물건을 가지고 갈게 있어 안 카나! 빨리 문 좀 열어보소!"

누군가 내 말에 용기를 얻어 문을 열어주는 순간,

"빨리 들어가세요! 빨리빨리."

문밖에서 애태우던 성가대원들이 내 손짓을 따라 부리나케 연습실로 들어간다.

지휘자 김 장로는 겉으로는 꽥꽥 고함을 질러도 내심 반가운 눈치다. 나와 마주치는 눈빛에 은근히 고맙다는 교감이 이루어진다.

엄격한 규율이 요구되는 찬양대이다. 전쟁터에서 앞서 선봉을 서는 성가대이다. 구별된 자리이다. 하나님의 영광스러운 군대다.

사랑하는 후배 정 장로님이 성령으로 충만해서 영이 활짝 열린 때가 있었다. 주일 예배 때 성가대의 찬양이 시작하자마자 수많은 천사가 교회에 가득 차 성가대의 찬양에 맞추어 아름다운 춤을 추는 환상을 보며 펑펑 울어대었다고 한다.

그 간증을 듣고 난 후, 예배가 시작될 때마다 성가대의 찬양과 함께 천사들이 춤을 추고 하늘 문이 열린다는 것을 믿음으로 연상하면서 영적 전율을 느끼곤 한다. 성가대는 천군천사와 함께하는 하나님의 군대 선봉이다.

이 외에도 눈에 띄지 않는 헌신과 봉사의 자리가 얼마나 많은가?

늘 기억하자. 높아지고 싶을 때, 자랑하고 싶을 때, 사람들의 칭찬을 즐기고 싶을 때, 앞뒤가 같은 꽂꽂이를 생각하자.

앞과 뒤가 똑같은 겸손과 겸비, 온유와 낮아짐의 헌신으로 주님 앞에 서서 믿음으로 나아가는 그런 봉사자가 되어야 할 것이다.

어느날 연세가 많이 드신 권사님이 내게 물어왔다.

"장로님요, 저는요. 남들처럼 돈도 없고 나이가 들어서 식당 봉사
도 못하고, 늙으니까 교회에서 할 일이 없어요. 교회 마당만 속절없
이 밟고 다니니 주님께 너무 죄송하기만 해요."

"권사님, 무슨 말씀을 그리 하십니꺼? 아닙니더! 권사님 하실 일이
있습니더! 권사님 예배 마치고 좀 늦게 집에 가시더라도 돌아보면
땅에 떨어진 주보가 많이 있을 겁니다. 주보 한 장 줍고, 두 장 주워
서 주보함에 넣어보세요. 바로 우리 주님의 몸이신 귀하고 귀한 교
회에 권사님은 최고의 봉사와 헌신을 하시는 겁니다."

그 권사님은 이후로 지금까지도 기쁜 표정으로 느릿느릿 교회 주
보를 주워 정리하는 일에 아름답게 전념하고 있다.

그러므로 내 사랑하는 형제들아 견실하며 흔들리지 말고 항상
주의 일에 더욱 힘쓰는 자들이 되라 이는 너희 수고가 주 안에
서 헛되지 않은 줄 앎이라 _고전 15:58

우리 아버지의 교회, 우리 하나님께서 기뻐하시는 몸 된 교회, 우
리를 위하여 피 흘려 죽으신 그 주님이 죽으심으로 세우신 교회. 어

떤 이는 성가대로, 어떤 이는 차량 봉사 헌신으로, 어떤 이는 교사로, 어떤 이는 식당에서, 어떤 분은 강단을 꽃으로 장식하고, 어떤 분은 남몰래 화장실을 청소하고, 어느 자리에 있든 또 어느 곳에서 땀 흘려 헌신하든 최선을 다하여 꽃꽂이의 앞과 뒤를 마음에 새기며 한평생 조금도 후회 없는 삶을 살아가는 복이 우리 모든 봉사자의 것이 되기를.

4. 왜 나만 봉사하지 말라고 해요?

수요예배를 마치고 교회당 밖을 나서려는 나를 부목사님이 다급한 목소리로 불러 세웠다.

"왜 그러십니까? 목사님! 무슨 일 있습니까?"

"집사님, 혹시 고등부 교사할 의향이 없으십니까?"

근래 새로 오신 부목사님의 말을 듣자마자 내 눈이 번쩍 띄였다. 집사 생활을 오랫동안 했지만 그 어느 누구도 내게 고등부 교사를 해보라는 권유를 해 준 사람이 없었다. 물론 나는 집사 직분만 있었을 뿐 누가 봐도 엉터리에 날라리였으니 당연했다.

작은 면 단위 동네인지라 술, 담배, 고도리 3종 세트에 푹 빠져 사는 나를 모를 리 없으니 그런 내게 교사를 해보라고 권유하는 자체가 오히려 이상한 일이었으리라.

"엥? 나더러 교사를? 이게 무슨 일이여?"

내심 깜짝 놀랐다. 나를 불러 세운 부목사님은 교회에 부임한 지 얼마 되지 않아 나에 대한 정보가 전혀 없었기 때문이었다. 아마 부목사님이 보기에는 딱히 내게 하자를 발견할 수 없었을 것이다. 집사 직분을 받은 지 꽤 오래됐고, 신분이 확실하고, 거의 모든 예배를 참석하곤 했다. 헌금 생활도 꼬박꼬박 빠지지 않았으니 모범 집사로 생각했던 것이다.

"고등부를 맡을 교사가 부족한데, 박 집사님이 한 번 해보시겠어요?"

어렵게 말을 꺼낸 부목사님에게 한 번에 오케이 승낙을 했고 당장 다음 주부터 고등부 여학생 반을 맡게 되었다. 나는 꿈에 부풀었다.

"야, 진짜 이제 옳은 교사 한번 해 본다!"

보통 때보다 더 아침 일찍 나가야 하는 교사가 왜 좋았을까? 당연히 교사로서 믿음의 사명감은 아니었다.

'이렇게 오래 교회 생활을 했는데, 그래도 고등부 교사라도 한번 해야지. 어디 가서 방귀라도 좀 뀌지 않겠나? 나도 커리어를 좀 쌓자.'

그런데 나중에 알고 보니 엄청난 문제가 발생되었다. 부목사님이 교사 명단을 가지고 담임 목사님에게 결재를 올린 것이다. 담임 목사님은 명단을 쭈욱 훑어보다가 내 이름을 발견했다. 박.효.진! 보자마자 외마디 비명을 내질렀다고 한다.

"목사님! 정신이 있어요? 없어요? 이런 인간을 어떻게 교사로 세운단 말이에요?"

부목사님을 무섭게 다그쳤다. 후에 들은 이야기였지만 부목사님은 너무 황당한 얼굴로 담임 목사님에게 되물었다고 한다.

"왜 그러십니까? 목사님! 무슨 문제라도 있습니까?"

"이 인간이 말이야, 집사라 하면서도 허구한 날, 담배 피우고 뭐 화투나 치고 술 퍼먹고 돌아다니는 이런 사람이 어떻게 교사를 한단 말이요? 아이들 깨끗한 영혼 다 죽이려고 그래요?"

아뿔싸, 부목사님은 안절부절못하기 시작했다.

"그러면 적당히 둘러대서 교사 명단에서 빼도록 하겠습니다. 잘 얘기해 보겠습니다."

담임 목사님은 더더욱 안 된다고 호통을 쳤다.

"이 인간이 얼마나 유별난 인간인지 아세요? 성질도 개떡 같은데 만약 교사하라고 했다가 빼버린다면 이건 진짜로 난리 나요. 만약에 저 인간이 확 돌아가지고 이상한 짓 하면은 교회에 큰 문제 생깁니다. 아, 이것 참 어떡하나?"

그때부터 담임 목사님의 깊은 고민은 시작되었다고 한다. 뾰족한 대책 없이 시간은 흘러갔다. 이런 사실을 까맣게 모르는 나는 신이 났다. 내 생애 처음으로 고등부 교사회의에 참석했다.

그런데 이게 웬일인가? 환영하는 분위기가 아니라 오히려 다른 교사 선생님들과 부장님의 못마땅한 눈빛을 직감했다. 이유는 내가 더 잘 알았지만 뭐 이제 와서 어쩌겠냐? 나는 당당했고 아무 상관이 없었다.

고등부 예배는 시작됐다. 예배를 마치고 나면 반별 분반 공부가 시작된다. 내 평생 처음으로 9시에 교회에 출석했다. 엄청나게 일찍 온 것이다. 멀찌감치 제일 뒷자리에 앉아서 기나긴 목사님의 설교를 듣자 하니 경험상 앞으로 20분 정도는 더 있어야 끝날 것 같았다. 슬그머니 뒤로 빠져나와 교회 밖으로 발걸음을 옮겼다. 교회 뒤편에는 커피가 맛있는 조그만 다방이 있었다.

'정 다방' 지금도 잊지 못할 부끄럽고도 우스운 추억의 장소다. 커피를 한 잔 시켜놓고 담배를 꼬나 물었다. 당시, 나는 하루에 한 갑 반 내지 두 갑을 피는 골초였다. 마침 TV에서 중계되는 권투시합을 보다가 얼핏 시간이 된 것 같아서 물로 입을 헹구고 예배실로 조용히 들어와 보니, 예상대로 방금 설교가 끝나고 목사님이 축도를 하고 있었다.

이제 각 반별로 분반 공부를 하기 위해 흩어졌다. 내가 맡은 여고 2반은 강단 옆 성가대석에서 분반 공부를 하게 되었다. 미리 받은 교재로 공과를 시작했다. 믿음은 없어도 일단 책이 있으니까 할 만했다. 공과 책에 있는 대로 설명하고 성경 본문을 적당히 인용해 가면서 열변을 토하고 있었다.

"하나님은 살아계신다! 하나님은 너희 머리털까지 헤아리고 계신다!" 공과 책에 쓰여있는 대로 자신감 있게 외쳤다. 하지만 내 마음속에서는 '아니야, 실제로는 하나님이 없어. 그냥 하는 말이야'

분반 공부가 한창인데 담임 목사님이 계속 내 주변을 왔다 갔다 하시는 것을 보면서

'아, 교사 첫날이니까 내가 잘 가르치는지 못 가르치는지 들어 보려고 이렇게 살피고 계시는구나. 더 잘 해야겠네.'

그런데 알고 보니, 설교 도중 내가 예배당 밖으로 나가는 장면을 보신 목사님 가슴이 무너졌다는 것이다. 기막힐 노릇이 아닌가?

'예배시간에 교사가 밖으로 나가? 저게 교사 자격이나 되나?'

한참 있다가 들어와서 공과 공부를 한답시고 자리에 앉는데 더욱 기가 막힌다. 담배 냄새가 코를 찔렀기 때문이다.

담배를 피우는 사람들은 자신들이 입을 헹구고 손을 씻으면 냄새가 나지 않는 줄 착각한다.

'예배 도중에 밖에 나가서 담배를 피우고, 지금 아이들 앞에 서서 말씀을 가르친다고?'

목사님의 심장은 찢어져 나갈 듯 아팠다. 그 자리에는 목사님의 딸도 앉아 있었다. 내가 맡은 반 아이였던 것이다. 순진무구한 여고 2학년, 깨끗한 영혼을 한 아이들 앞에 서서 열변을 토하고 있는 내가 교사라는 자체가 얼마나 가증스러웠을까?

목사님은 그 길로 바로 강단으로 올라가 무릎을 꿇고 처절한 마음으로 울며 기도를 했다고 한다.

"박 집사님, 그때 말이요, 처참한 마음을 안고 강단에 올라가서 무릎을 꿇고 하나님 앞에 피눈물 나도록 비상기도를 했어요."

"하나님, 저 인간이, 저게 교사랍시고, 지금 저 아이들 앞에 서서 영혼을 다 망치고 있습니다. 지금 당장 다리몽둥이를 확 부러뜨려서라도 교사 못하게 만드시든지 아니시면, 교사 자격을 갖춘 인간이 되게 해 주세요."

화살기도였다.
'하나님, 급합니다!'
아! 긍휼이 풍성하신 하나님께서는 감사하게도 후자의 기도에 응답하셨다. 만약 다리몽둥이를 부러뜨려서라도! 이 기도를 들으셨다면 어떻게 되었을까? 생각만 해도 아찔하다.

바로 그 주! 1987년 1월 8일 밤,

나는 기적 같은 성령님의 은혜를 체험하게 된다. 내 인생 가장 놀라운 은총의 날이 내게 임하신 것이다.

그날 밤, 당시 면내 고등학교 선생님으로 재직하며 이웃교회를 섬기고 있던 이덕진 집사님(현재 명문교회 원로 목사님)을 우리 집에서 만나 기가 막힌 대화를 하고 있었다.

"하나님이 어디에 있냐? 술 먹지 말라는 게 어딨냐? 담배 피우지 말라는 게 어딨냐? 고도리 왜 치면 안 되냐?"

교활하고 악질적인 질문으로 시비를 걸던 내게

너희는 너희가 하나님의 성전인 것과 하나님의 성령이 너희 안에 계시는 것을 알지 못하느냐 _고전 3:16

그가 이 말씀을 풀어서 설명하는 가운데 성령님이 강권하여 나를 완벽하게 장악하셨다.

삼위일체 하나님의 존재가 눈으로 본 듯이 믿음으로 확신되어졌고, 그날 이후 하나님께서는 나를 한순간에 믿음의 사람으로 기적같이 뒤바꿔 놓으셨다.

그동안 내가 가장 사랑하던 담배, 술, 화투 등 더러운 세상의 것들이 강권적으로 한순간에 단절되어졌다. 이런 드라마가 세상 어디에 있을까?

그리고 그다음 주일이 됐다. 지난 주일과 이번 주일은 지옥과 천국처럼 달랐다. 지난주까지만 해도 하나님을 전혀 모른 채 살았던, 엉터리 교사였던 내가 아이들과 눈이 마주치자마자 눈물이 쏟아지고 멈추질 않았다.

미안함과 기쁨이 뒤섞인 내 인생 최고의 감동적인 눈물은 기적을 잉태하고 있었다.

이전 것은 지나갔으니 보라 새 것이 되었도다 _고후 5:17

하늘의 문이 열리고 성령님께서 나를 깨끗하게 만들어주셨다. 내 안에 있는 모든 더러운 것을 다 끄집어내시고 새사람으로 변하게 해 주셨다.

이런 하나님의 은혜가 얼마나 감사한지, 벅찬 마음을 가눌 수가 없었다. 당시 열댓 명 되는 우리 학생들이 나와 함께 성령님과 교감이 이루어짐에 하나같이 통곡하기 시작했다.

'주여! 주여!'

더 이상 평범한 공과 공부 시간이 아니었다. 우리는 이미 부흥회장이 되어버렸다. 그날 이후 매주 학생들과 함께하는 시간이 얼마나 행복한지! 날마다 부으시는 은혜가 새로웠다.

성령님께서는 우리 학생들을 어루만져 주셨고 회개와 결단의 시간들을 더욱 강하게 부어주셨다. 우리 반은 부흥되기 시작했으며 그들 중에서 많은 사모가 배출되고 전도사님이 배출되었다.

너희 안에서 착한 일을 시작하신 이가 그리스도 예수의 날까지
이루실 줄을 우리는 확신하노라 _빌 1:6

'능력이 없고 자격이 없는 사람'

하나님은 그렇게 보시지 않은 것 같았다. 자격이 없는 자도 기어이 만들어 쓰신다. 나 같은 순 엉터리 인간도 하나님의 사람으로 다듬으셔서 오늘날의 나로 만들어 내시는 걸 보면 정녕 그러하다.

어떤 상황에서도 하나님은 끝까지 우리를 놓치지 아니하고 기어이 하나님의 사람답게 만들어 가시는 그 은혜가 있음을 믿는다. '하나님은 사람을 불러 고쳐서라도 쓰신다.'

5. 강단 꽃꽂이 혼자 욕심내지 마세요

"권사(eshorter)"라는 말은 미국 감리교회에서 처음으로 사용하기 시작했다. 권사는 교회에서 권고하도록 허가받고 공식적인 임명 절차를 거쳐 임명된 평신도 직분이다.

1738년 이후로, 엄청난 부흥 운동이 있었다. 감리교 운동이라고 부른다. 믿음이 타오르고 거룩한 삶을 살기로 결단한 이들이 여기 저기서 나타났다. 회심자가 폭발적으로 늘어나자 이들을 모두 돌보기에는 역부족이었다. 이렇게 권사에 대해 언급하며 철저히 사역자들을 돕는 역할을 하기 시작했다.

권사가 하는 것은 설교가 아니라 권면이었다. 한국 감리교는 남녀가 모두 될 수 있지만, 장로교는 여자만이 권사가 될 수 있다.

권사 직분이 없었던 장로교도 1955년 총회에서 권사 직분을 신설하였고 감리교와는 달리 여자 집사 중에서만 임명하게 되었다.

신앙이 없는 사람들도 대부분 '권사'라고 하면 교회에서 믿음이 좋은 중년 여성이 받는 직분으로 알고 있는 걸 보면 교회에서 권사의 역할은 매우 중요하다.

권사는 '권면'하고 '가르치고' '위로'하고 '돌보는' 일의 중심에 서 있다. 고통받고 낙심한 자들과 함께 기도하고 울어주며 사람을 세워 간다.

예배 때 늘 중요한 자리를 지키며 기도하기를 게을리하지 않는다.

이름도 없이 빛도 없이 직분을 감당하는 이 땅의 수많은 권사가 있기에 한국교회가 어려운 가운데서도 여전히 성장하고 있는 것이 아닐까?

그런데 이처럼 귀하디 귀한 권사의 직분이 자칫 잘못 굳어져 버리면 문제가 생긴다. 어떤 일이든 익숙해진다는 것, 타성에 젖는다는 것, 그것만큼 무서운 일이 없다.

교회 안에서 가끔 문제 되는 것은 바로 일부 권사들의 터줏대감 같은 생각과 행동이다.

오랜 세월 동안 개척 당시부터 한 교회에서 헌신하다 보니, 교회에 대한 애착이 누구보다 크다. 교회에 대한 주인의식 또한 매우 크다. 그러다 보니 이 교회는 우리 교회, 내 교회라는 주인의식이 강하게 자리 잡게 된다.

교회를 사랑하는 것은 바람직한 일이다. 주인의식을 가지고 예수님의 몸 된 교회를 섬기는 것이 당연한 일이다. 하지만, 내 것이라는 아집 같은 주인의식이 지나치게 생기기 시작하면서 문제가 복잡해진다.

주로, 새 신자들이나 열심히 신앙생활을 하는 사람들이 넘을 수 없는 벽과 같은 존재가 된다. 교회의 문은 언제나 활짝 열려있는 것 같지만, 생각보다 문을 열고 안으로 걸어 들어가는 것이 쉽지 않다.

권사들이 똘똘 뭉친다. 특별나게 영향력이 있고, 리더십이 있는 사람들은 어디든 있다. 몇몇 권사들을 중심으로 같은 성향이나 뜻이 같은 사람이 하나둘씩 모인다. 자연스럽게 파벌이 형성된다. 분명 의도적으로 만든 모임은 아니지만 자연스럽게 우리끼리의 문화가 생기게 된다. 눈에 보이지 않는 내 편, 네 편이 만들어진다. 특히 꽃꽂이를 보면 알 수 있다.

"꽃꽂이를 굳이 왜 해?"

"돈과 시간을 투자해서 매주하는 이유가 뭐야? 제아무리 싱싱한 꽃을 사서 꽂아봤자 1주일이면 시들어버리는 것을 계속해서 반복하며 왜 낭비할까?"

"차라리 그 돈으로 선교나 구제를 하는 것이 낫지 않을까?"

"아니야! 우리가 예배를 드리는 곳이고, 주님이 기쁘게 보시는 교회인데 아름답게 잘 치장하는 것이 성도들의 도리 아니겠냐?"

꽃꽂이하는 것이 좋다, 아니다를 굳이 따질 필요 없이 목사님과 성도가 같은 마음이 된다면 어떤 방향이든 아무런 문제가 없다.

교회마다 꽃꽂이 헌신을 하는 사람은 거의 정해져 있다. 재능이나 소질도 있고 헌신의 마음이 크다 보니 웬만하면 이 일을 다른 사람에게 넘겨주지 않는다.

강단에서 흘러나오는 축복의 약속을 다른 사람에게 넘겨주기 싫다는 생각이 앞서니까 이것을 쉽게 내려놓을 수가 없다. 그러나 교회의 신앙의 동력을 부어 주기 위해서는 이런 생각을 바꾸어야 한다.

"집사님, 이거 한 번 해보세요!"

이 말 한마디가 고여있던 신앙의 물을 휘저어 올리는 은혜의 마중물이 될 것이다. 특히 강단에 물과 물수건을 준비하는 일은 아무도 손을 못 대게 한다.

예전에 어떤 교회에서 다른 분이 이 일을 했다가 난리가 났다는 이야기를 들었다.

"이건 내가 하는 거야! 함부로 손 대지 마!"

새로운 성도가 교회에 들어와 몇 주만 지나도 명확히 알게 된다.

"아, 이 교회는 자기들 끼리끼리구나."

겉으로는 웃으며 환영하지만 사람은 영적인 동물이라 금방 알아차린다.

'이곳에 내가 설자리는 없겠구나...'

발을 돌리게 될 것이다. 그럼에도 불구하고 교회 생활을 해보려고 열심히 하는 사람들은 고까운 눈빛의 대상이 된다. 입으로는 칭찬하지만 속으로는 경계의 마음을 게을리하지 않는다.

"새로 온 사람이 너무 나대는 거 아니야? 굴러온 돌이 박힌 돌을 빼려고 그러네?"

"열심이 특심인데 혹시 신천지가 아닐까?"

이런 교회에 성장이 있을까? 목회자를 도와 성도들을 권면하고 위로하지 못하는 권사들이 군림하고 있는 교회에 다음 세대를 기대할 수 있을까?

권사님들이 주어진 역할을 잘 감당하면 "권할 권(勸), 스승 사(師)"가 된다. 하지만, 역할을 감당하지 못한다면 "권할 권(勸), 죽을 사(死)"가 된다.

권면하고 가르치는 스승 같은 권사인가? 죽음 같은 고통을 던져주는 일에 쓰임 받는 사람인가? 스스로 설자리를 찾아야 한다.

남대문 시장에서 포목 장사를 하시는 훌륭한 권사님이 있다. 시간만 나면 기도처에서 엎드려 기도하는 신실한 분이다.

어느 날, 립스틱을 진하게 바른 여자가 기도처에 들어와 헤픈 웃음을 지으며 권사님 옆으로 다가앉는다.

"권사님, 제가 00에서 왔는데, 지갑을 잃어버려 내려갈 차비가 없어요. 차비 좀 빌려주시면 집에 가서 꼭 갚을게요. 돌려드릴 테니까 빌려주실 수 있어요? 호호"

누가 봐도 사기꾼이다. 순진하고 사람 좋아 보이는 권사님을 등쳐먹으려고 하는 행동인 게 뻔히 보인다.

"아, 그래? 얼마가 필요한데?"

주섬주섬 만 원짜리 몇 장을 꺼내 순순히 내주신다. 여자가 자리를 뜨자마자 부근에 앉아 있던 사람들이 입을 모아 말한다.

"에휴, 권사님! 누가 봐도 사기꾼인데 거짓말하는 거잖아요! 왜 돈을 줘요? 안 갚아요! 연락도 없을 거야! 왜 속아요?"

"나도 알아! 나도 거짓말인 줄 알지! 그런데 어떡해? 돈이 없다는데, 힘들다는데... 다음에 와도 또 줘야지, 어떻게 해."

그렇다. 나이가 어느 정도 되고, 교회 생활을 오래 해서 그냥 받는 권사가 되면 안 된다. 교회 안에서의 지위가 되어서는 더더욱 안 된다.

그저, 내 것을 나누고 더욱 낮아져 섬기는 것. 산 중턱에 높이 서 있는 고목나무를 본다.

나무 아래 밑동에 있는 가지는 매우 굵다. 그 위쪽 가지, 그리고 그 위쪽으로 올라갈수록 가지의 굵기는 가늘다. 이 고목나무의 제일 처음 나왔던 가지는 가장 굵게 자라서 제일 밑에서 팔을 한껏 벌린 채, 그 후에 자라난 수많은 작은 가지들을 떠받쳐 주고 있다.

제일 까불까불하는 것이 누굴까? 가장 팔락거리는 것이 누굴까? 제일 꼭대기에 금방 나온 작은 가지가 조그만 바람에도 마구 팔랑대며 춤을 춘다. 밑에 있는 큰 가지가 바라보며 무슨 생각을 할까?

'아, 까부는구나! 귀엽네! 나도 옛날에 그랬던 적이 있었단다! 그래, 내가 최선을 다해 네가 자랄 때까지 받쳐 줄게.'

주변에 있는 나무를 보면서도 교회 생활에서 우리의 역할을 알 수 있다.

너희 중에 있는 하나님의 양 무리를 치되 억지로 하지 말고 하나님의 뜻을 따라 자원함으로 하며 더러운 이득을 위하여 하지 말고 기꺼이 하며 맡은 자들에게 주장하는 자세를 하지 말고 양 무리의 본이 되라 _벧전 5:2-3

요즘 교회가 힘을 잃었다! 코로나 이후로 교회 운영이 어렵다! 맞는 말 같기도 하지만 옳지는 않다. 머물러 있으면 안 되기에 우리 권사님들이 다시 한번 힘을 다해서 일어나자고 독려해야 한다.

함께 모여 옛날에 그 뜨거웠던 기도의 열정을 다시 한번 재현하자고 권면해야 한다.

권사로서의 사명을 기억하자. 그저 사랑해주자. 말도 안 되는 엉터리 같은 이야기를 해도 이해하고 안아주자. 목사님과 장로님, 성도들의 허물을 그냥 품에 안자. 권사님의 품은 따스하다. 자식처럼 안아주자. 이것이 하나님께서 기뻐하시는 권사님들의 역할이 아닐까?

6. 추도예배, 생각해 볼 문제

"추도예배 드려도 됩니까? 추모예배는 괜찮아요?"

나는 1년에 수많은 제사를 지내는 종갓집 종손으로 살아왔다. 내 삶의 기반은 제사라고 해도 과언이 아니었다. 그랬던 내가 예수님을 영접한 후, 영적인 눈을 뜨고 나서 새로운 세계를 보게 되었다.

'아! 제사가 이런 거였구나'

'안 되겠다! 가만히 있으면 안 되겠다! 내 주위 이웃들이 지금도 더러운 귀신 앞에 절을 하고 있다니! 귀신들에게 시달리고 속고 있구나!'

지금까지 많은 곳을 다니며 이 사실을 알리고 또 알리며 살아왔다.

그런데 신앙을 가진 사람들도 속을 수밖에 없는 교묘한 또 다른 함정이 있음을 알고 놀라지 않을 수 없었다.

추도예배, 추모예배... 언뜻 들으면 꽤 아무런 문제가 없어 보인다. 예배라는 형식이 있으니 기독교적인 냄새는 분명히 난다.

"맞아요! 하나님이 싫어하시는 제사를 지내지 않고 추도예배로 드리니까 얼마나 감사한지 몰라요!"

"조상님과 부모님이 돌아가신 날짜에 맞춰 예배를 드리니까 참 합리적입니다."

나쁘지 않아 보이지만 여기에는 굉장히 무서운 함정이 도사리고 있다. 눈치채지 못할 영적 속임수가 우리 속에 당연하고 은밀하게 스며들어와 있기 마련이다.

구원받은 신자는 결코 우상숭배를 하지 않는다는 믿음으로 살고 있지만 우리 민족성, 그 밑바닥에 흐르는 피의 영적 DNA는 꾸준히 예전을 향하여 돌아가려고 하는 흐름이 있다.

돌아가신 부모님의 기일이 다가왔다.

"제사는 안 돼!"

"아, 이건 우리 부모님의 영이 아니다. 그저 악한 영들이 우리네 효성을 이용해 코를 꿰고 영적으로 우리를 통제하고 있는 거야!"

대부분의 크리스천들은 이 정도는 알고 있다. 그럼에도 불구하고, 그날이 다가오면 괜스레 미안한 마음이 찾아온다.

"오늘이 아버지 기일인데, 오늘이 어머니 기일인데, 오늘이 할아버지의 기일인데...."

절하는 제사는 할 수 없으니까, 그 죄책감을 조금이라도 덜어 보기 위해 대책을 마련해야 했다. 그렇게 만들어진 것이 추도예배가 아닐까?

추모예배, 추도예배, 돌아가신 조상의 기일에 모여서 하나님께 이들을 추모하는 예배를 드리겠다는 것은 언뜻 들으면 괜찮아 보인다. 예배를 드린다니, 더욱 신실해 보인다. 큰 문제가 없어 보이는 것이다.

그러나 여기서 잠깐, 잠시 멈추고 깊이 생각해 볼 문제가 있다. 예배는, 누구나 다 알다시피 오직 하나님께만 드려지는 것이다. 어느 것도 가미될 수 없는 오직 하나님께만 드리는 신성의 경배이다.

예배의 주인공은 오직 하나님이시기에. 그런데 예배라는 멋진 이름으로 가면을 쓴 추도예배가 슬쩍 들어와 버렸다. 그리고 그것이 이제는 우리의 일상에 자연스레 뿌리내렸다.

추도예배는 누구를 향하여 드려지는 것일까? 돌아가신 부모님을 추모하는 마음을 가지고 하나님께 예배를 드리겠다는 것?

이상하다. 정말 이상하다. 하나님이 주인공인 예배에 누군가 슬쩍 끼어들었다. 추모? 추도? 여태까지 잘 몰랐다면 이제는 확실히 알고 그 어둠에서 눈을 떠 보아야 한다. 예배라는 이름으로 하나님 앞에 서는 순간, 오직 예배자와 하나님밖에 없다.

'하나님은 죽은 자의 하나님이 아니요 산 자의 하나님이시라 너희가 크게 오해하였도다' _막 12:27

예수님의 말씀이다.

살아 있는 자들에 대한 하나님이다. 죽은 자는 추모의 대상이 될 수가 없다. 죽음의 순간, 심판으로 모든 것은 일단 종결되었다.

비정하고 너무 야멸차고 불효자라고 할 수 있겠지만, 이것은 성경의 진리이다.

구원의 백성들과 그렇지 못한 사람들은 각각 가야 할 그곳, 다시는 되돌아올 수 없는 세계로 분리되어 갔음에도 우리는 그날이 되면, 추모 및 추도 예배라는 이름으로 죽은 자와 산 자의 연결고리를 또 만든다.

마귀는 이때가 가장 신나지 않을까? 예수 믿는 자들이 아직도 삶과 죽음의 그 끈을 놓아버리지 못하니 얼마나 기뻐하겠는가?

마귀의 전략은 돌아가신 우리 부모님들과 조상을 기리는 그 감정의 끈을 계속 이어 놓고 매달려 있기를 도모한다. 그래야만 삶과 죽음의 그 분명한 하나님의 창조 질서를 헷갈리게 만들 수 있기 때문이다.

사랑이라는 감정을 이용하여 끊임없이 그리워하고 추모하고 추도하게 한다. 기일이 되면 추모예배란 이름으로 더 깊이 이어가게 한다. 예배라는 타이틀을 붙였으니까 악한 영은 역사하지 않을 거라는 안이한 생각에서 마귀는 틈을 발견한다.

추모와 추도라는 이름으로 예배를 끌어다 쓰는 것은 무서운 영적 함정이 될 수 있다. 죽은 자와 산 자들은 결코 예배로 연결될 수가 없다.

"그럼, 부모님 기일에 모이지도 말라는 거냐?"

화를 내는 분들도 더러 있겠지만 그러나 방법은 얼마든지 있다.

우리 집은 이렇게 한다. 아버님 돌아가신 날 즈음해서 형제들이 다 함께 모일 수 있는 날을 정하고 온 가족이 가정예배를 드린다.

오직 하나님께 예배인 것이다. 결코 돌아가신 우리 아버지가 개입할 여지가 전혀 없다. 오직 우리 가족들이 모여서 하나님께서 우리에게 베풀어 주신 구원의 은혜와 사랑에만 감사하며 신령과 진정으로 찬송과 예배를 드린다.

예배를 마치고 나면 둘러앉아 교제하며 아버지에 대한 추억담으로 웃음꽃을 피우기도 한다.

"우리 아버지 예수님 믿기 전에 정말 자유로운 영혼이셨어."

"아버지가 또 얼마나 건강하셨던지! 우리가 이렇게 무탈하게 사는 거, 아버지의 특별한 DNA를 이어받은 복이야! 참 감사하다야."

"그렇게 술도 많이 잡숫고 담배도 많이 피웠는데, 암도 안 걸리고 어찌 그리 강건하게 사셨을까?"

조금만 방향을 바꾸면 믿을 수 없는 놀라운 일이 벌어지게 된다. 예배라는 이름으로 하나님 외에 어느 것도 개입시키면 안 된다는 것이다.

예배라는 이름으로 어떤 것도 양보하면 안 된다. 그 순간부터 하나님의 이름을 만홀히 여기는 결과까지 연결될 수가 있기 때문이다.

예배는 오직 예배다. 오직 예배로! 가장 신성하고, 가장 거룩하며, 가장 경건한 그 예배, 우리의 삶 전체를 다 바친 예배, 그 예배는 오직 예배로만 드려진다 그 외에 모든 것은 그냥 하나의 행사일 뿐이다.

추모와 추도라는 이름으로 우리를 함정에 빠뜨리고 속이기 위한 저들의 간계를 무효화시키는 진정한 예배자가 되리라. 살아 계실 때 효도하자!

7. 꼭 교회 가서 예배드려야 합니까?

"장로님, 들으셨습니까? OO 장로님 아시죠? 이분이 요즘 이상해
졌습니다."

"왜요?"

"장로가 주일 알기를 우습게 알더라구요. 주일날 교회는 안 오고
골프나 치러 다니고, 골치 아픕니다."

"무슨 말이에요?"

"원래 그분이 기저질환이 있지 않습니까? 코로나가 심할 때 어쩔
수 없이 계속 교회를 못 나오다 보니 수년간 영상 예배만 드리고 교
회 출석을 아예 안 했습니다."

어두운 얼굴로 장로님은 말을 계속 이어갔다.

"자기만 안 나오는 것도 모자라서 성도들한테 공공연하게 주일 예배가 그렇게 중요하냐? 나도 집에서 예배 다 드린다! 이러면서 형식적인 예배에 목을 매지 말라고 당당하게 이야기한답디다. 참 큰일입니다."

다른 장로님들도 고개를 절레절레 흔든다.

"정말 교회에 덕이 안 됩니다. 큰일입니다."

들고 보니 문제는 문제였다. 다 큰 어른을 윽박지를 수도 없고 씁쓸한 기분을 지울 수가 없었다. 집으로 돌아와 가만히 생각해보니, 그 장로님만 그런 걸까? 라는 생각이 들었다.

비단 OO 장로님뿐만 아니라 많은 분이 예배에 대해 이런 생각을 가지고 있을 것이다.

'예배, 형식적인 예배! 전통적으로 드려지는 주일 예배, 뭐가 그렇게 중요할까? 예수님을 잘 믿고 구제하고 선교하며 살면 됐지, 굳이 주차할 곳도 없는 교회 근처를 새벽 댓바람부터 뱅뱅 돌아가며 꼭 교회에 나와서 예배를 드려야 할까? 어떤 형식적인 틀 안에 우리를 가두는 게 아닌가? 말씀대로 살면 되는 거지? 교회 안 간다고 지옥 가나?'

적어도 내가 알기로는 틀렸다. 아무리 좋은 내용물이라 하더라도 형식이 있어야 한다. 이것이 없으면 귀한 내용물을 담을 수가 없다. 그것이 물이든 주스든 보약이든 할 거 없이 우리가 먹기 위해서 담을 수 있는 그릇이 있어야 하는 법이다.

모이기를 폐하는 어떤 사람들의 습관과 같이 하지 말고 오직 권하여 그 날이 가까움을 볼수록 더욱 그리하자 _히 10:25

요즘은 형식을 파괴하자는 이야기를 종종 듣는다. 기계적이고 합리적인 세상을 살아가기 위해서는 형식에 얽매이는 것이 적절하지 못하다고 한다.

의외로 교회 안까지 이 파장이 이어졌다. 그러다 보니 주일예배까지도 형식에 매인 예배라고 쉽게 여기는 사람들이 하나둘 늘어나기 시작했다.

"주일 예배에 대해 잘 알지도 못하면서 주일 예배? 주일 예배가 어떻게 생겨난 지 알아?"

자신이 알고 있는 이상한 상식에 대해 늘어놓는다.

"로마 시대에 기독교가 공인될 때, 당시 로마 사람들이 섬기던 태양신을 예배하던 날을 일요일, 즉 선데이라고 불렀어. 그런데 교회에서는 그것도 모르고 주일을 거룩한 날이라고 정하고 예배를 드리는 거야! 기원을 잘 찾아봐야지."

이렇게 주일의 의미를 깎아내리려 든다.

그러나 오늘날까지 신앙의 사람들은 하나님을 사랑하는 마음으로 주일날 모인다. 함께 모여 예배드리면서 은혜를 나눈다.

수 세기에 걸쳐 드려진 이 예배는 수많은 신앙의 선배들의 눈물, 피, 땀, 죽음까지도 불사한 사랑과 헌신의 결정체이다.

생명까지 바쳐가며 지켜왔던 주일이라는 아름다운 틀과 형식 속에서 하나님은 예배로 영광을 받으신다.

성도들이 함께 머리를 맞대고 눈물로 기도하며 켜켜이 쌓아가는 은총의 시간, 그 시간 속에 만들어진 주일이라고 하는 아름다운 전통의 예배를 형식이냐, 아니냐 논할 필요가 전혀 없다.

사랑받기에도 부족한 시간이고 예배하기에도 모자라는 시간이고 감사하기에도 턱없이 부족한 시간이다.

청송 교도소에서 함께 근무했던 정 집사님이 뜨겁게 성령에 사로잡혀 은혜와 은사가 충만할 때였다.

주일 예배를 준비하고 있던 그날, 정 집사님이 교회 문을 열고 들어섰다. 장로석에 앉아 있던 내 눈에 평소와는 전혀 다른 모습의 그가 교회 안을 두리번거리는 것을 보았다.

'어, 뭔가 다르다! 뭐지?'

전혀 다른 차원의 사람이 된 듯한 그런 표정과 눈빛만 봐도 강력한 성령님의 충만하심이 느껴졌다.

우리 둘의 눈이 마주쳤고 그 순간부터 예배가 마칠 때까지 나의 온몸에도 신비로운 전율이 강하게 느껴졌다. 하늘의 영광과 맞닿은 그런 느낌이었다.

예배 내내, 궁금해 죽을 지경이었다.

'오! 지금 정 집사가 어떤 은혜에 붙잡혀 있을꼬?'

예배가 끝나자마자 냅다 뛰어 정 집사를 뒤에서 낚아챘다.

"정 집사님, 무슨 일 있제? 무슨 일이고? 퍼뜩 말해보소!"

정 집사님은 한동안 말을 잇지 못하다가 눈물을 글썽이며 입을 뗐다.

"장로님, 예배당 문을 들어서는 순간, 갑자기 하늘의 문이 쫙 열리더군요. 찬양하는 성가대원들 위로 헤아릴 수 없이 많은 천군천사가 동시에 내려옵디다. 그러고는 온 교회 안팎으로 수많은 천사가 물결처럼 춤을 추며 예배에 동참하고 있더라구요."

그때의 감동과 감격이 고스란히 내게도 전해져 온몸이 부들부들 떨릴 지경이었다. 하물며 당사자인 정 집사에게는 얼마나 감격스러웠을까?

더 놀라운 것은 목사님의 설교였다고 한다. 당시 우리 교회 목사님은 연세가 꽤 있는 분이었다. 언어전달이 잘 안되어 상당수의 성

231

도들이 목사님의 말을 이해하기 어려워했다.

정 집사님은 계속 말을 이어갔다.

"장로님, 장로님, 놀랐습니다! 설교하시는 목사님의 등 뒤에 어마어마한 천사들이 쫙 둘러서서 강력하게 힘을 받쳐주고 있었습니다. 예수님의 영광이 설교 말씀에 능력을 부어 주고 계시더라구요."

정 집사는 아예 훌쩍이고 있었다.

"그런데 장로님, 안타깝게도 엄청난 하나님의 은혜와 능력이 말씀을 따라 물 붓듯이 퍼부어짐에도 불구하고 대부분의 성도들이 그 은혜를 전혀 맛보지 못하고 귓등으로 흘려버리고 있었어요. 심령 깊이 새겨지는 말씀의 능력과 은혜를 받는 분이 몇 명 밖에 되지 않더라구요."

와락 나를 끌어안고 흐느끼기 시작했다.

"장로님, 여태 예배가 이렇게 영광스럽고 귀한 줄 몰랐습니다! 예배가 이렇게 능력이 있는 줄 까맣게 몰랐습니다. 흑흑흑…"

물론 한 개인이 경험한 영적 체험이므로 성경적 보증을 기대할 수는 없지만 나는 그 은혜를 확신한다.

하나님께서 살아 계신다는 것은 신자들이 믿고 고백하는 절대 진리이다. 이런 하나님께서 예배시간에 우리와 함께 임재하신다. 그분이 오늘 우리의 주일 예배에 임재하셨다.

이 얼마나 영광스러운 일인가? 하나님의 영광이 온 교회에 넘치고 천군천사가 온 성도들과 함께 찬양하며 예배하는 모습을 만약 영안이 열려 볼 수 있다면 어떤 모습으로 예배할 것인가?

모두가 땅바닥에 납작 엎드려서 부들부들 떨며 터질듯한 심장을 손으로 움켜잡고 통곡하고 있을 것이다.

"아우, 말도 마세요. 우리 목사님 설교 때문에 주일날 교회 가기가 싫어요. 주일 설교에 은혜받은 지가 언제인지 기억도 안 나요! 10년 넘었을까요? 설교가 진짜 은혜가 안돼요."

"그럼, 교회를 옮기시는 게 어때요?"

"아유~ 그건 또 안 돼요! 교회를 떠날 수는 없어요. 그래도 내가 이 교회 장로인데, 내 마음대로 어떻게 떠날 수가 있겠어요? 사나 죽으나 그냥 다닙니다."

"오! 브라보! 장로님 정말 은혜입니다. 진짜 대단하십니다."

나의 유쾌한 모습에 장로님은 멋쩍은 웃음을 보였다.

"왜요? 박 장로님? 왜 박수 치세요?"

"목사님이 설교도 잘하고 목양도 잘하시고 온 교회가 기쁨으로 하나 된 교회라면 얼마나 감사해요? 참 은혜로운 교회죠. 그런데 장로님, 그런 교회는요, 상위 몇 프로 안에 드는 몇 안 되는 교회입니더."

마주 앉은 장로님의 눈이 동그래졌다.

"장로님, 보이소! 거의 대부분 교회들은 고만고만한 교회입니더! 솔직히 말해 목사님과 성도들이 그저 얼굴 붉히지 않고 굴러가는 그냥 그런 교회가 대부분입니더! 장로님, 꿈을 너무 크게 가지지 마입시더. 목사님은요, 하늘에서 뚝 떨어진 분이 아닙니더! 어느 날 하나님이 천사처럼 툭 만들어 내신 분이 아니라 우리와 똑같은 성정을 가진 인간입니더."

"소명을 받아 공부하고 기도하고 우리보다 좀 더 주님 앞에 가까이 다가가 그 사역을 감당하게 된 목회자이고 영적 지도자입니다. 물론 다 잘하면 좋지요! 그러나 역량이 좀 떨어진 분도 계셔요. 어쩔 수 없어요. 그걸로 우리가 탓했다가는요, 오히려 우리가 영적인 바보가 됩니더."

장로님은 깊이 고민하는 듯한 얼굴로 고개를 끄덕였다. 의외로 많은 교회에서 서로가 갈등을 빚고 있다. 교회에 가서 은혜도 못 받고 설교는 갈수록 듣기 싫어진다. 그렇다고 교회를 쉽게 옮기는 것도 힘들지 않은가?

하나님은 아직 부족한 우리를 훈련소에 입소시켰다. 유격 훈련소에 가면 빨간 모자를 쓴 무서운 조교가 있다. 대충 넘어가는 조교는 조교가 될 수가 없다.

조교는 뒤통수를 때려주고 싶을 정도로 미운 존재이다. 하나님은 우리에게도 조교를 세우시고 피나는 훈련을 받게 하셨다. 힘든 구보를 시키시고 진흙 바닥을 뒹굴게 하시고 철조망을 통과하라고 호통을 치신다.

이때 우리는 깨달아야 한다. 만약 이 훈련 기간이 너무 길어지면 곤란하다. 그 훈련 기간 동안에 우리는 생각해야 한다.

'아, 내가 왜 이렇게 이 고난의 길, 훈련의 길을 받고 있을까?'

목사님의 설교가 은혜가 안 된다? 그건 잘못된 생각이다. 은혜가 안 되는 것이 아니고 나 자신이 은혜를 받을 그릇이 못 되어 있는 것이다.

어딘가 삐뚤어져 있고 영적인 사이클이 안 맞으니까 아무리 좋은 말씀도 내게 영혼의 양식이 될 수가 없다. 감정이 상해 있으니 맞을 리가 있겠는가?

담임 목회자와 뭔가 안 맞는 사람들이 있다면 오늘부터 이런 마음을 가져보자.

'아, 유격대 조교님으로부터 내가 훈련을 받고 있는데 빨리 훈련 마치고 조교와 함께 웃으면서 같이 커피 한 잔 마실 수 있는 그날까지 빨리 가야겠다!'

그렇게 생각하고 최선을 다하여 내 스스로가 은혜받을 만한 그릇을 만들어가자.

너희는 믿음 안에 있는가 너희 자신을 시험하고 너희 자신을 확
증하라 _고후 13:5

참고 용납하고 해야 될게 얼마나 많을까? 하지만, 내 스스로가 그
유격대 훈련장에서 진흙탕 속을 구르며 철조망을 통과해 보자. 그
렇게만 된다면 상위 몇 프로의 교회보다 더 멋진 교회가 될 수 있고
더 멋진 성도가 될 수 있을 것이라 장담한다.

예배에 목숨을 걸자. 비록 말씀이 지금은 귀에 잘 들리지 않고 답
답하다 할지라도 오히려 그것을 은혜로 받을 수 있는 사람으로 나
스스로가 먼저 바뀌는 그런 위대한 예배자가 된다면 얼마나 좋을
까? 이런 마음을 품은 우리에게 하나님께서는 능히 그렇게 만들어
주실 줄 믿는다.

Let's
stake our
lives on
worship

죽음,
새로운 출발점에 서 있는 그대에게

5장

1. 크리스천과 불신자의 죽기 직전 차이

죽음 직후 신앙이 있던 사람과 그렇지 않은 사람의 모습이 정말 다른가?

신앙은 없지만 장의사를 하고 있던 고등학교 동창인 친구는 나를 만날 때마다 확신을 가지고 말한다.

친구 장의사 : "나는 관 뚜껑만 열어봐도 이 사람이 천국을 갔는지 지옥을 갔는지 한눈에 척 알아본다. 시신의 표정이 너무나 다르거든. 무서운 얼굴과 자는 듯, 웃고 있는 듯한 모습을 볼 때 마다 이렇게 다를 수 있나 하고 스스로도 놀랜다구."

현직 염사 : "맞다! 죽고 난 뒤에 시신의 인상과 상태가 분명히 다르지! 이상한 일이 아니라 이건 생명과 죽음의 순리야!"

염사(장례지도사)로 일하고 있는 고향의 선배 장로님도 내 말에 동의하며 열변을 토한다.

현직 염사 : "예수 믿고 죽은 사람들은 얼굴이 새카맣게 변색된 경우가 거의 없더라구. 그런데 예수 안 믿고 죽은 사람들은 대부분 얼굴이 새카매진다 아이가! 두어 시간쯤 지나면 팔 다리도 뻐덕뻐덕 굳어진다구! 왜냐면 지옥에 안 끌려 갈려고 몸부림치다 보니까 온몸이 돌덩이처럼 굳어지는기라."

현직 염사 : "마귀하고 천사하고 데리러 오는데 하늘나라 그 밝은 거 보면 누가 지옥에 따라 갈라 카겠어? 안 갈라 카지! 당연한 거 아이가? 몸부림치지! 사람이 정신이 없어도 듣는 건, 다 영이 있기 때문에 다 듣는다 카니까! 말은 못 해도! 영이 안 떠나갔잖아! 그러니까 우리가 마지막에 임종할 때 예배드리고 찬양하는 거는 그 사람이 다 듣고 느낀다 카이~"

방송이나 책을 보면 죽었다가 살아난 사람들이 자신이 경험했던 이야기를 하는 것을 볼 수 있다. 비단 우리나라뿐 아니고 외국의 많은 나라에서도 이와 같은 체험을 했다는 증언을 심심찮게 듣게 된다. 죽었다가 다시 살아난 경험을 임사체험이라고 부른다.

그들의 이야기를 종합해 보면 패턴이 거의 일정하다. 자신의 영이 육체를 빠져나와 병실 천장이나 자기 바로 위에서 자신을 내려다보고 있다는 것이다.

의사가 사망을 선고하는 말, 슬퍼하는 가족들의 눈물, 그러나 아무리 고함을 쳐도 듣지 못한다고 한다. 그럴 수밖에! 이미 영이니까 당연한 일이다.

그리고 다음 체험은 깊은 터널 속으로 빠져들어 간다고 한다. 엄청난 힘에 쫙 빨려 들어가다 어느 순간 '확' 밝은 빛의 세계로 나왔다고 증언한다. 여기까지는 대부분 비슷하다.

이후부터 사람마다 체험이 조금씩 달라진다.

어떤 사람은 큰 강을 봤다는 사람도 있고 어떤 사람은 아주 아름다운 꽃밭을 건너갔다는 사람도 있었다.

체험자 중 많은 사람이 거기서 누군가를 만나게 되었다고 전한다. 말로 형언할 수 없는 절대자였다고 한다. 절대자와 많은 대화를 나누고 감동을 받고 다시 그 통로로 돌아와 걷다 보니 다시 살아나게 되었다고 했다.

이런 패턴의 이야기가 한두 명의 이야기가 아니다. 전 세계 수많은 사람의 임사체험은 책으로 영상으로 끊임없이 보고되고 있다.

죽음을 앞둔, 죽음의 모습들. 과연 임사 체험한 사람들이 봤던 그 세계가 무엇일까?

"형, 형이 염사 직업을 해보니까 어때?"

장례지도사 선배에게 물었다.

"믿는 사람이랑 안 믿는 사람의 사후 강직이 진짜 달라?"

말이 끝나기도 전에 그는 신나게 설명을 했다.

죽음 직후 시신이 왜 딱딱하게 굳는 강직 현상이 나타나고, 피부가 시커멓게 변하는지에 대해 침을 튀기며 열변을 토한다.

거의 매일 시신을 정리해 주고 닦아주고 씻어주고 염해 주는 사람이니까 어느 누구의 증언보다 확실한 증거일 것이다.

의학적으로는 강직과 변색으로 설명되지만, 현장을 지켜본 이들은 그것이 마지막 저항처럼 보인다고 했다. 죽음을 앞두고 어두운 지옥으로 끌려가기 직전, 단말마의 비명, 그 악쓰는 소리

"안 가! 못 가!"

처절한 몸부림과 발버둥이 계속되다가 숨이 끊어지고 난 뒤, 온몸의 단백질과 힘줄, 혈관 등이 굳어버려 강직 현상으로 나타날 수도 있다는 것이다.

나도 보았다. 다섯 번에 걸쳐 29명 사형수의 마지막 죽음을 직접 목도했다.

사형집행이 끝난 후, 그들의 시신을 품에 안고 목에 걸린 밧줄을 벗겨주기도 하고 그들의 옷을 갈아입혀주며 임시 입관을 해 주기도

하였다(24시간이 경과한 후 정식 입관을 하게 된다).

너무나도 놀라운 것은 예수님을 믿고 믿음으로 살던 13명과 그렇지 못했던 16명의 죽음 이후의 모습도 판이하게 달랐다.

믿음으로 살았던 사형수들의 시신은 마치 잠이 든 것처럼 평온한 모습이었으나 나머지 16명은 달랐다.

다 같이 목매어 집행된 사람들이었지만 이들은 거의 무서운 모습이었다. 그들에게 어떤 능력이 있어서 그랬을까? 아니다. 사형장을 향하여 출발하기도 전, 그들의 육체와 영혼은 하나님의 구원 약속에 따라 거룩한 성령으로 덮여진 것이리라.

한낱 무당도 악신이 내리면 강력한 힘을 발휘하는데, 하물며 가장 거룩하신 하나님의 영이 임하면 어떻게 될까?

죽음에 대한 두려움 따위는 한순간에 사라진다. 천국의 실체가 영으로 말미암아 정확하게 보일 수도 있는 그 영광.

밧줄 앞에 선 사형수들도 이것을 느끼지 않았을까?

목에 밧줄이 걸려 숨이 멎는 순간까지도 천국에 대한 절대적 감동이 영광으로 부어졌을 것이다.

사망이나 생명이나 천사들이나 권세자들이나 현재 일이나 장래 일이나 능력이나 높음이나 깊음이나 다른 어떤 피조물이라도 우리를 우리 주 그리스도 예수 안에 있는 하나님의 사랑에서 끊을 수 없으리라 _롬 8:38-39

천국이 있다. 지옥도 있다. 나는 지금도 기회가 닿을 때마다 교회의 부름에 달려가는 곳마다 외치고 또 외친다.

"영원한 지옥 불 못에 떨어져 처절한 고통 속에 살아가고 싶습니까? 죽고 싶어도 죽을 수 없는 그곳에 있기를 원하십니까? 선택은 여러분의 몫입니다! 협박이 아닙니다! 이것은 진리입니다."

로마에서 기독교가 박해받던 시기에 예수님을 믿는다는 이유 하나만으로 남녀노소를 불문하고 불에 태워 죽이거나 굶은 사자들에게 잡아먹히는 등 수많은 사람이 순교했다는 기록들이 남아 있다.

어느 누구도 죽음의 고통 앞에 울부짖거나 두려워하지 않고 모두가 천사 같은 모습으로 하늘을 바라보며 외쳤다고 한다.

"마라나타! 마라나타! 마라나타!"

"아멘! 주 예수님, 오시옵소서!"

심지어 굶주린 사자가 덤벼들어 자신의 허벅지를 뜯어먹고 팔을 물고 늘어져도 어느 누구도 비명조차 지르지 아니하고 천사같은 모습으로 주님을 찬송하며 순교했다는 이야기가 전해진다.

'에이, 이건 좀 너무 심했다! 아무리 믿음이 좋지만 어떻게 사자가 덤벼들어 자기 살을 뜯어먹는데 그걸 보고도 '아! 할렐루야!' 한다고? 에이, 이거는 순교자들을 미화하고 너무 뻥튀기를 한 것 아니야?'

그렇게 생각했었다.

그러나 뒤늦게 하나님의 성령께서 그들을 온전히 붙드셨다는 사실을 깨닫고 나도 모르게 무릎이 꿇어졌다.

순교자들이 십자가에 거꾸로 못 박히고 불에 타 죽을 때, 이미 하나님의 거룩한 성령께서 그들을 장악하셨다. 육체의 모든 고통을 이길 수 있는 능력을 부어주신 것이다.

사자에게 뜯어먹히는 아픔마저도 느끼지 못하도록 강력한 하나님의 능력과 권세로 육체를 통제하신 은혜! 오직 그들에게 보이는 것은 모든 것을 이기신 하늘 영광과 두 팔 들고 응원하고 계신 보좌 우편의 예수님이 아니었을까?

창, 칼에 찔려 순교하는 것도, 불에 타죽는 것도 사람의 용기만은 아니었을 것이다. 배짱으로 견딘 것이 아니라 살아계신 하나님의 권능과 능력으로 이기게 하신 것이리라.

밝고 영원한 하나님의 나라, 그곳으로 인도되는 예수님의 손을 잡는 순간의 선택을 자랑스레 소유하자.

이래도 천국과 지옥이 없다고 고집하겠습니까?

2. 죽음 앞에서 드러나는 영적 실재

　사람은 누구나 죽음을 맞이하게 된다.

　죽음이 찾아오는 바로 그 순간, 그 찰나에, 그 사람의 인생이 성공했냐, 실패했냐? 그의 삶이 진짜냐, 가짜냐를 분명히 알게 된다.

　선배 김 장로님은 아직도 자기 아버지가 이 땅을 떠날 때의 이야기를 할 때면 벅차오르는 가슴을 진정시키지 못하곤 한다. 눈물을 글썽거리며 얼굴에 광채를 띄고 이야기한다.

　장로님의 아버지는 90살이 넘어 돌아가셨다. 연로하신 아버지는 돌아가시기 전까지, 신앙생활을 열심히 하신 분이었다고 한다.

　뜨거운 믿음을 가지고 많은 사람을 구제하고 섬기며 사셨다고 한다. 장로님은 성도들의 기쁨이었다고 한다.

아버님의 임종이 가까운 어느 날, 가족들이 한자리에 모였다. 다 함께 모여 예배를 드리던 중 찬송을 부르고 있는데 갑자기 장로님의 아버지가 말씀하셨다.

"애들아! 하나님이 천사를 보내셨다! 나 이제 하늘나라 간다!"

모여있던 가족들은 다들 기쁨으로 대답했다.

"아멘!"

"할렐루야!"

하는데, 아버지는 다시 한번 강하게 말씀하셨다.

"빨리 나가 봐라! 하나님이 보낸 천사가 우리 집에 도착했는 것 같다!"

모여있는 가족들을 향해 빨리 밖에 나가보라고 재촉했다고 한다.

'아, 아버지가 돌아가실 때가 되니까, 환상을 보셨나 봐!'

그렇게 생각한 가족들이 머뭇거리고 있으니 아버지께서는 눈을 크게 뜨시고 다시 말씀하셨다.

"빨리 나가 봐라! 왜 말을 안 들어? 어서 나가 봐! 지금 천사가 나를 데리러 왔으니 어서들 나가 봐!"

가족들은 아버지의 성화에 못 이겨 마당으로 몰려나왔다. 선배 장로님도 긴가민가 하는 마음으로 따라 나왔다. 돌아가시기 직전에 아버지의 말씀이니까 그저 순종하는 마음뿐이었다고 한다.

그런데 이게 웬일인가?

'이거 뭐야? 꿈인가? 꿈 아닌데? 가족들이 다 보고 있잖아? 이거 뭐야?'

장로님은 주위를 둘러보며 다시 한번 초가지붕 위를 올려다보았다. 지붕 위에 밝고 빛난 거대한 불덩어리가 '빙빙빙' 돌고 있는 것이 아닌가? 그 장엄한 광경 앞에 어느 누구도 선뜻 말을 꺼내지 못했다고 한다.

"아! 이게 꿈이야 생시야! 너무 놀랍다."

그 집은 시골의 작은 초가집이었다. 초가집이었음에도 불구하고 커다란 불덩어리가 짚을 태우지도 않고 지붕 위에서 빙빙빙 돌고 있더라는 것이다.

"박 장로, 아마 모세가 하나님의 산에서 바라봤던 떨기나무의 불이 저런 불이 아니겠나 싶었어. 타지도 않고 거대한 불이 빙글빙글 돌고 있는 거야"

가족 모두는 그 광경을 보고 두렵고 떨리는 마음으로 하나님께 찬양하며 아버지가 누워계시는 방으로 들어갔다.

그 순간 아버지가 조용히 숨을 거두셨다. 아버지가 운명하신 후 밖으로 나와보니 초가지붕 위를 빙글빙글 돌던 그 불은 이미 사라지고 없었다고 한다.

선배 장로님은 이 이야기를 할 때마다 가슴이 뜨거워진다고 한다.

초가지붕 위를 돌던 불덩어리는 그 집안의 자손 대대로 이어지는 간증이 될 것이다.

이와 또 반대되는 이야기도 있다. 내가 자랐던 고향의 00 장로님은 굉장히 열정적인 분으로 교회는 물론 교단의 일까지 적극적으로 나서서 일했던, 신망이 큰 이름난 장로님이었다.

많은 사람에게 존경을 받았던 이분이 죽음을 앞둔 일주일 전부터 이상한 행동을 하기 시작했다. 온 방을 엉금엉금 기어다니며 계속 중얼거렸다.

"나 예수 몰라! 나 예수 몰라! 나 예수 몰라!"

이 말을 반복하며 침을 흘리고 방을 기어다니다가 운명했다는 것이다. 그 지역은 이 사건으로 한동안 너무나 혼란스러워했다. '존경해 마지않았던 훌륭한 장로님이 예수님을 모른다고 했다고?'

죽음이 임박하면 영적 눈이 열리고 천국과 지옥의 실체가 비로소 확실해진다고 한다.

천국과 지옥, 믿지 않는 사람들은 '좋은 곳으로 갔다' 혹은 '안 좋은 곳으로 갔다'라고 말하곤 한다. 사형수들도 마찬가지다. 신앙을 가진 친구들, 예수 그리스도를 구주로 고백한 사형수들은 마지막 죽음에 이르는 그 시간 동안에 두려움과 공포를 찾아보기 힘들다.

어떤 이는 너무나 아름다운 모습으로 찬양하며 남아 있는 교도관들에게 이렇게 말한다.

"담당님, 꼭 예수 믿고 천국 가세요. 천국에서 만나 봬요. 그동안 너무 고마웠어요."

범죄 한 사형수들을 미화하자는 것이 절대 아니다. 그들은 여전히 악랄한 흉악범이지만 그들마저 사랑하시는 하나님의 구원의 은혜는 결코 부인할 수가 없다.

"누구든지 주의 이름을 부르는 자는 구원을 받으리라"_롬 10:13

하나님은 약속하신 대로 언약의 시스템에 따라 예수 믿는 이 믿음하나 때문에 성령님으로 그들을 꼭 잡아주셨다.

그들의 본질은 비난받아 죽어 마땅한 살인마임에도 그들의 영과혼, 육을 모두 잡아주시고 죽음의 공포와 사망의 두려움을 제거해주시는 하나님의 영역이 시작되는 것이다.

놀라운 일이다. 인간은 어느 누구도 삶과 죽음의 싸움에서 자유로울 수가 없다. 죽음은 인간에게 있어서 가장 무서운 적이고 엄청난 두려움의 대상이다.

그러나 죽음을 이기고 사망의 권세를 깨뜨리신 하나님의 은혜, 예수 그리스도의 이름이 그들과 함께 하자마자 거룩한 성령의 능력으로 죽음을 이길 수 있도록 해 주신 것이다. 죽음을 건너가는 은혜가 있었던 것이다.

죽음 앞에서는 진짜와 가짜가 명확하게 나누어진다. 평상시에는 그럴듯하게 쇼를 하고 남을 속일 수도 있다.

척! 그런 척! 잘 믿는 척! 열심히 하는 척! 할 수 있다.

그러나 죽음 직전, 그 순간은 어느 누구도 거짓과 위선이 통하지 않는다.

죽음 직전, 열린 영안으로 내 앞에 천사나 혹은 세상 사람들이 말하는 '저승사자'가 보이기 시작한다.

천국과 지옥. 두 갈래 길에 서서 어떻게 할 것인가?

한번 죽는 것은 사람에게 정해진 것이요 그 후에는 심판이 있으리니 _히 9:27

몇 년 전, 돌아가신 나의 아버지는 종가의 대종손이었다. 유교와 제사로 일생을 살아오신 분이 감사하게도 70이 넘은 연세에 예수님을 영접하게 되었다.

그 후, 20년 동안 신실하게 예수님을 믿고 사시다 91세 때 이 땅을 떠나셨다. 평소 아버지는 매우 정정하셨다. 그런데 돌아가시기 전, 그토록 건강하던 분이 우리에게 말씀하셨다.

"애들아, 힘이 없다!"

그러고 자리에 누운 지 딱 40일 만에 돌아가셨다. 그 40일 동안, 눕자마자 눈을 감으시고, 조금의 물 외에는 식음을 전폐하고 세상과 단절되었다. 손가락 하나 까닥하지 못하고 미라처럼 누워만 계셨다. 돌아가시기 직전이었다. 온 식구들이 모여앉아 마지막 가는 아버지의 천국 환송을 준비하는 중이었다.

바로 그때였다. 말씀은 고사하고 손가락 하나 까딱하지 못한 채, 시체처럼 누워만 있었던 아버지가 서서히 손을 드는 것이 아닌가? 손을 드시고는 자신의 가슴을 2~3번 탁탁 두드리셨다. 그리고 손을 모으고 손가락을 위로 향해 드셨다.

'나 예수님을 믿고 이제 하늘나라 간다.'

세상에! 미동도 못하던 아버지가 영안이 열렸는지 눈을 감고 있음에도 문병을 왔던 동네 어르신들을 향해 정확하게 손가락으로 가리키는 것이 아닌가?

'너희들도 나처럼 예수 믿고 하늘나라 가자'

수어를 하듯 그렇게 모선을 취하신 후, 죽기 직전 복음을 전하시고 눈을 감으셨다. 너무도 멋진 최후였다.

아버지가 돌아가시고 나는 장례식장에서 마지막 입관하기 직전 아버지 얼굴을 다시 한번 확인했다.

세상에! 어찌 그렇게 평온하고 부드러울 수가 있을까?

갓 태어난 아기처럼 예쁜 얼굴을 하고 있었다.

아버지의 머리를 품에 안고 얼마나 기뻤는지 모른다. 눈물보다는 행복한 감사와 사랑의 찬송이 절로 흘러나왔다.

그렇다. 지금까지 수많은 죽음을 지켜본 결과, 예수님을 구주로 영접한 사람들은 마지막 죽음에 이르는 그 순간에 하나님의 은혜에 붙잡혀 죽음의 공포를 이겨낸다.

구원의 기쁨을 만끽하며 천국으로 가는 모습을 얼마나 많이 보았는지 모른다.

하나님을 알고 예수님을 구주로 고백한 분들의 마지막과 그렇지 못한 분들의 마지막이 너무나 다르다. 장담한다. 정말 다르다.

하나님의 언약은 오늘도 여전히 우리에게 말씀하고 있다.

3. 험한 세상 살다 천국에 가고 싶을 때

'천국에 가면 어떻게 살아갈까?'

'나는 어떤 집에서 살까? 부모님은 알아볼까? 자녀들은 날 알아볼까?'

'아무리 좋은 곳이라도 영원? 지루하지 않을까?'

'지옥이 바로 내다보인다는데, 가슴이 아파서 어떻게 살지? 눈물도 없는 곳이라는데, 오히려 눈물이 날 것 같은데…'

크리스천이라면 누구나 한 번쯤은 이런 생각을 해 보았을 것이다. 천국에서도 가족관계가 유지될까? 구원받지 못한 사랑하는 누군가를 생각할 때마다 가슴이 아프지 않을까? 궁금해하는 사람들도 많다.

천국에 가면 나는 어떤 이름으로 불릴까?

변화된 몸이니까 새로운 이름이 주어질까? 아니면 번호로 불리어질까? -2023- 이런 식으로 번호가 주어질까?

"목사님, 천국에 가면 어떤 이름으로 불릴지 참 궁금한데 혹시 목사님의 생각은요?"

말이 채 끝나기도 전에, 목사님은 단호히 말했다.

"장로님, 장로님 이름 그대로 박효진으로 불리는 거죠"

"예? 목사님, 뭐 그럴 수도 있겠지만 목사님이 천국을 갔다 왔습니꺼? 천국에 대해서는 '이럴 것이다' 이 정도로 예측하는 것까지는 좋은데 너무 단호하네요?"

박 목사님은 호탕한 웃음을 지으며 말했다.

"장로님, 하나님께서 모든 세상을 만드시고 하나님 나라를 이야기하실 때 우리가 전혀 모르는 깜깜이로는 하지 않았습니다. 성경에 어떤 문제에 대한 힌트를 살짝살짝 다 꽂아 놓으셨습니다."

"장로님, 하나님께서 주신 힌트만 잘 뽑아보면 많은 것을 깨달을 수 있습니다. 천국에 가면 어떻게 불리냐고요? 누가복음 16장을 보세요."

"부자와 거지 나사로 이야기를 아시죠? 예수님은 천국에 있는 나사로와 지옥 불 못에서 물 한 방울 먹지 못해 몸부림치는 부자에 대해 말씀하실 때, '나사로'의 이름을 여전히 계속해서 부르십니다."

"아니, 장로님! 하나님께서 우리를 천국으로 부르실 때에 나사로만 본명을 쓰게 하고 장로님하고 내 이름은 다른 이름으로 확 바꿔놓을 이유가 있겠습니까? 다 똑같이 그 이름입니다. 박효진, 박ㅇ철, 똑같이 그 이름입니다."

긴가민가한 마음으로 고개를 끄덕이다가 나는 우스갯소리 삼아 이야기를 이어갔다.

"아, 좋습니다! 진짜 말이 되네요. 저는 제 이름으로 불리는 게 마음에 듭니다. 박효진! 이름 이쁘지요. 그런데 이런 분들은 어떡합니까? 옛날에는 아기가 태어날 때, 험한 세상에서 병에 걸리지 않고 오래 살라고 의도적으로 천박하고 엉터리 같은 이름을 지어준 분들도 많은 걸로 알고 있습니다."

김개똥, 김말자, 이갓난, 정돌쇠….등등

"자기 이름이 마음에 들지 않는 사람들도 많은 거 아닙니꺼? 살면서 평생 놀림받은 사람들이 천국에 가서까지 김개똥, 김말자, 이갓난, 이렇게 불리면 서러워서 어떡합니꺼?"

말이 끝나자마자 박 목사님이 확신하며 말했다.

"장로님! 그게 아닙니다! 오해하면 안 됩니다! 천국은 우리 인간의 모든 약점, 연약함, 부족함, 모자람, 허물까지도 가장 완벽하고 아름답게 변화되는 곳입니다."

"인간이 봤을 때는 우습고 천박한 이름이라 할지라도 천국에서는 이갓난, 김개똥, 그 이름이 가장 완벽하고 별처럼 빛나는 소중한 이름으로 개념이 바뀌게 되는 겁니다. 어느 누구도 그 이름을 비웃을 수 없습니다. 그 이름 하나하나에 모두가 다 감사하고 하나님께 영광 돌릴 수 있는 최상과 최고, 최선의 이름으로 바뀌는 게 바로 그곳입니다."

심장 가장자리에 무언가 '쿵' 하고 떨어지는 것 같았다.

'천국에 가면 나는 어떤 이름으로 불릴까?'

알고 보니 이게 중요한 게 아니었다. 부모님이 지어주신 귀한 이름이지만 이미 그 안에 하나님의 섭리가 깃들어져 있는 것이었다.

날아가는 참새 한 마리가 땅으로 뚝 떨어지는 것도 풀 한 포기 나고 바람 하나 부는 것도 다 하나님의 섭리 안에 이루어지는 것이다.

오늘 하루를 사는 삶의 순간순간, 발자국, 생각 하나, 눈빛 하나, 내가 하는 모든 생각과 행동이 차곡차곡 쌓여 언젠가 천국에 가서 그 이름 그대로 불리게 될 그 이름이었던 것이다.

아, 오늘의 삶이 얼마나 중요한 것인가?

"아이고, 이 험한 세상 살기 힘들어 죽겠다. 그냥 빨리 주님이 오셨으면 좋겠다!"

"아따, 고단한 인생 빨리 천국에 갔으면 쓰겄다!"

이런 말은 적절하지 못하다. 언젠가 천국은 가겠지만, 그러나 그곳에서 영원토록 불릴 이름 앞에 현실 도피 같은 삶을 살면 안 되리라.

바람 부는 들녘에 이름 없이 서 있는 누군가의 묘비처럼 의미없이 살다가 가는 그런 천국이 아니다.

내 이름 속에 담겨져야 될 수많은 삶의 이야기가 오늘을 땀 흘려 열심히 살아가는 그대로 이어져 하늘나라까지 연장되어야만 한다.

그가 자기 양의 이름을 각각 불러 인도하여 내느니라 _요 10 : 3

성경 속 인물들의 이름을 생각해 본다. 이름과 그들의 생애는 모두 연결되어 있다. 놀랍지 않은가? 이름만 봐도 그의 삶이 어떻게 될 것인지가 다 나타나 있다. 그들의 삶 자체가 그의 이름이었다. 이름과 삶이 하나로 연결되어 있다.

그분들이 천국에 가서 받을 그 이름의 영광!

"아이고, 빨리 천국에 갔음 쓰겄다! 빨리 뭐 예수님이 오셨으면 좋겄다!"

"마마~ 다 귀찮다! 그냥 천국이나 속히 갔음 좋겠다! 힘들어 죽겠다!"

이래도 이런 말을 할 텐가?

필연적으로 우리는 예수님이 기다리시는 천국으로 향하게 된다. 영광의 나라에 올라가는 그 순간, 하늘 문이 좍 열리고 우렁차게 울리는 음성이 있을 것이다.

"효진아~~~~!"

"야! 박효진~~~!"

순간 그 이름은 지금까지 살아온 모든 생각과 삶의 하나하나가 다 쌓여진 결정체가 되는 것이다.

천국에 들어가는 마지막 순간 가장 영광스러운 박효진으로 바뀌어지는 그 이름의 변화다. 박효진이라는 이름 속에 담겨있는 신앙의 고백과 삶의 모습, 모든 것이 한데 어우러져 영광으로 '펑'하고 터지는 이름인 것이다.

천국에서 불릴 내 이름은 지금의 내 이름이요, 평생을 기쁨으로 안고 가야 될 나의 가장 아름답고 거룩한 운명적인 이름이요, 하늘 영광 아버지 앞에 보좌 앞에서 영원히 불릴 내 이름이다.

이제부터라도 달리 생각하고 살아내자. 하루하루를 살면서 작은 것 하나, 사소한 문제라 할지라도 이렇게 생각하고 살아가자.

'이럼 안 되지, 내 이름에 먹칠을 하면 안 되지~! 내 이름을 더럽히면 안 되지! 이름을 손상시키면 안 되지!' 그것은 바로 천국에서도 불리는 이름이기 때문이다.

예수님의 핏값으로 주어진, 예수님이 친히 불러주실 내 이름이기 때문이다.

"OO야~ OO야!"

당신을 부르시는 사랑스러운 주님의 음성이 들리는가?

예수님의 사랑이 내게 늘 머물러 있고 성령의 역사가 나와 함께 하고 있다.

하나님의 거룩한 은총이 함께 하시는데 그 속에 있는 가장 중요한 나의 이름, 이름에 걸맞은 삶을 살아가야 하리라. 주님과 사람들 앞에서 부끄럽지 않게 살아가야지.

내 이름이 이토록 소중했네요!

4. 죽음을 넘어 만나는 천국의 소망

"할아버지, 나랑 같이 오래 살아요. 내가 80살 때까지 살아 있어야해. 절대 먼저 죽으면 안 돼. 내가 많이 슬플 거야."

어린 외손자가 내 손을 잡고 공원을 걸으며 진지하게 말했다.

할아버지를 향한 손주의 귀여운 사랑에 가슴이 찡해지는 감동을 느꼈다. 유치원생 아이도 죽음은 이별이라는 슬픈 의미를 아는가 싶어 새삼 아이의 얼굴을 가만히 들여다본 적이 있다.

죽음은 누구에게나 힘들고 아프다. 사랑하는 이를 떠나보낸 사람들은 가슴이 미어지기 마련이다. 늘 보던 자리에 그 사람이 없다. 손만 뻗으면 만져졌던 그 사람이 사라지고 없다. 텅 비어버린 공간을 볼 때마다 얼마나 외롭고 허전할까? 그런데 이 죽음이 다 같은 죽음일까? 그것으로 끝일까? 다 같은 죽음이 아니다.

차원이 다른 죽음의 세계가 있다. 바로, 신자의 죽음과 그렇지 못한 사람의 죽음이다. 똑같은 죽음에도 불구하고 죽음의 의미가 전혀 다르다.

소요리 문답에서는 신자의 죽음에 대해 이렇게 말한다.

'신자의 죽음은 유익하다'

보통 사람들에게는 충격적인 말이 아닐 수 없다.

'아니, 죽음이 뭐가 유익해? 죽으면 끝이고 사망인데!'

세상은 죽음으로 끝이라고 외치고 있으나 하나님 안에서의 '신자의 죽음은 유익'이라고 당당히 선포되고 있다.

내가 사형장에서 숱하게 봐 왔던 죽음의 현장, 그곳에서 보고 깨달은 그 죽음의 의미! 하나님 안에 거하는 사람의 영광스러운 죽음과 하나님이 없이 살다가 떠나가는 그 비참한 죽음의 결말에 대하여 나는 명확하게 답할 수 있다.

"아이고, 내가 빨리 죽어야지. 너무 오래 살았어!"

90세도 훨씬 넘은 할머니가 입버릇처럼 이런 말을 하지만 막상 영양제를 꼬박꼬박 챙겨 먹고, 몸이 조금만 찌뿌둥해도 병원에 가자고 조르는 모습을 보면 아이부터 노인까지 살고 싶다는 욕망은 동일하다.

세상 사람들이 말하는 인생은 생로병사에 매여있고 다만 이 땅에 사는 동안 잘 먹고, 잘 살기 위한 몸부림이 최우선 법칙이다.

하지만, 그리스도 예수 안에서 죽음을 맞이하는 사람들은 어떠한가? 우리는 하나님의 지극하신 사랑 안에 거하는 사람들이다. 우리는 먹고 마시고 살아가기만을 위해 이 땅을 살고 있지 않다.

천국에 가는 것이 궁극적인 목표라고 하면 많은 사람이 유치한 말이라고 손가락질을 해 댄다.

신앙의 삶을 여러 가지 좋은 말로 표현할 수 있지만 누가 뭐래도 구원 얻어 천국을 가는 것이 가장 큰 종착점이다. 이것을 위해 우리는 오늘도 믿음을 준비하고 훈련을 받고 있는 중이다.

우리는 천국 입성을 준비하는 군대에 입대하여 열심히 복무 중인 군사이다. 군인에게 있어서 전역 날짜야말로, 인생에서 최고 환희의 날이다. 만세를 부르며 향토 예비군 마크를 달고 제대한다.

그러나 훈련병들은 여전히 땀 흘리며 땅바닥을 기어가며 전역하는 예비군들을 부러운 눈으로 바라본다.

하늘나라! 우리가 고대하는 천국에 들어가는 그날이야말로 세상을 제대하는 전역병이라고 할 수 있다.

"얘야, 고생했다. 험한 세상에서 이제야 힘든 군 생활이 끝났구나! 어서 내게 오렴"

하나님이 불러주시는 그날이 고된 세상에서 제대하는 날!

"필승! 저는 군대가 너무 좋습니다. 제발 제대해서 집에 가라고 하지 마십시오. 화생방 훈련과 군사훈련이 너무 좋습니다."

이런 사람은 없다. 죽음이란 새로운 세상에서 새로운 신분으로 바뀌는 통로이다. 성령님의 손길이 임하는 순간, 죽음에 대한 두려움도 사라지고 새롭게 시작되는 영생의 세계가 시작되는 관문이 확연하게 보이고 느껴지는 환희!

이 세상에서 한 번도 맛보지 못했던 최고의 희열과 기쁨이 죽음의 순간에서 현실로 맞닿는다는 것을 누가 알겠는가?

하나님의 나라를 알기에 오늘 잠시 헤어지지만 다시 만날 그 세계를 아는 분들은 화장터에서도 슬피 울지 않는다. 조용히 보내 드린다. 당장은 이별의 허전함이 있지만, 언젠가는 만날 것이기에 그렇게 애통해하지 않는다.

천국으로 간다. 그곳에서 다시 만난다. 그래서 매일매일 죽는 연습을 해보는 건 어떨까? 하루를 열심히 살고 잠자리에 든다.

잠든 것은 죽은 것이나 다름없다. 아침에 눈을 뜨면 죽음으로부터 '부활'했다. 오늘 하루를 새 생명으로 살게 해 주신 하나님의 은혜에 감사함으로 살다가 또 밤이면 죽는다.

그리고 다음 날 아침 또다시 부활을 경험한다.

물론 언젠가 주님 안에서 영원한 부활을 맞이할 날이 있겠지만 우리는 매일 아침, 눈뜰 때마다 작은 부활을 경험할 수 있다.

'아, 오늘도 변함없이 부활했구나. 죽음에서부터 살아났구나. 오늘은 어제보다도 좀 더 경건하게 좀 더 거룩하게, 좀 더 사랑하는 삶을 살겠습니다.'

이렇게 오늘 하루가 내게 마지막 주어진 날이라고 생각하고 사는 것이다.

오늘 밤, 눈을 감으며

'먼저 천국에 간 사랑하는 남편을 만날 수 있다!'

그런데 아침에 눈이 떠졌다면,

"아, 하나님께서 우리의 만남을 하루 더 연기시켜 주셨구나. 하루 더 있다가 만나요. 그럼 하나님, 하루 더 열심히 살겠습니다! 어제보다 더 잘 살겠습니다!"

사도 바울은 이렇게 고백한다. '나는 매일 죽노라!' 이 죽음과 부활의 비밀을 아는 사람들만의 고백인 것이다.

죽는 것이 사는 것이다. 낮아지는 것이 높아지는 것이다. 버리면 또 얻는 것이다.

이는 내게 사는 것이 그리스도니 죽는 것도 유익함이라 _빌 1:21

'그리스도 예수 안에서 죽은 자는 복이 있도다!'
성도들의 죽음은 유익하다! 다시 한번 우리 함께 날마다 죽는 연습의 의미를 깊이 깨닫기를 원한다.
죽음이 더 이상 두려움의 대상이 아니라 하늘의 천국으로 연결되는 생명의 통로가 된다는 사실을 생각하고 남은 인생을 멋있는 여수 믿는 사람으로 살아가자!
우리 천국에서 꼭 다시 만납시다. 샬롬!

주 안에서 죽는 자들은 복이 있도다 하시매 성령이 이르시되 그러하다 그들이 수고를 그치고 쉬리니 이는 그들의 행한 일이 따름이라 하시더라 _계 14:13

에필로그

사형장 계단을 오르고 있던 그의 표정은 이미 죽은 사람과 같았다. 뒤틀린 얼굴 근육, 풀린 눈망울, 입으로 흘러내리는 침.

밧줄 앞에 앉아서 죽음을 기다리는 그는 어느 누구의 말도 듣지 않는 문제투성이 흉악한 살인범.

우여곡절 끝에 신앙생활을 해 보겠다는 약속은 받았으나 믿음이라고는 한 점도 기대할 수 없었던 황소고집의 사형수.

"집행하시오."

소장의 명령에 따라 그는 직원들에게 이끌려 한층 더 공포에 휩싸인 채 밧줄 밑으로 끌려갔다.

그 순간 내 마음속에 두 음성이 천둥처럼 울리는 것을 느꼈다.

"지옥이다!!"
"그대로 그냥 보낼 수 없다!"

번개처럼 밧줄 밑으로 달려가 그를 끌어안고 조금만 더 시간을 달라고 소장에게 애원했다.

몇몇 기독교 신자 교도관들과 함께 그를 에워싸고 처절하게 기도하기 시작했다. 기도라기보다는 애타는 통곡이었고 한 영혼을 위한 몸부림이었다.

기적은 일어났다!

시체처럼 늘어져 있던 그가 서서히 일어나더니 두 손을 높이 들고 외치기 시작한다.

"주여! 이 죄인을 받아 주셔서 감사합니다."
"주여! 이 죄인을 용서해 주셔서 감사합니다."

사형장은 놀라움으로 가득 찼고 일부는 혹시 직원들의 기도에 도취된 몽환 현상이 아니겠냐는 생각조차 들었다.

그러나 그는 직원들과 일일이 고맙다는 인사를 하고 소장을 향하여 허리 굽혀 감사의 예를 표하며 밧줄을 향하여 걸어가기 시작하였다.

다시 두 손을 들고 "주여! 주여! 외치던 그가 얼굴 가득히 빛나는 충만의 표정으로 찬송을 부르기 시작한다.

"인애하신 구세주여 내 말 들으사 죄인 오라 하실 때에 날 부르소서."

그 순간 그는 두 손을 든 채로 덩실덩실 춤을 추기 시작하였다. 약
속이나 한 듯이 기도하던 교도관들도 우르르 밧줄 밑으로 달려가 춤
을 추고 있었다. 허공에 매달린 죽음의 밧줄 아래에서 예수님으로 말
미암은 생명의 춤사위가 사형장을 압도하고 있었다.

목에 밧줄이 매인 채 '덜커덩'하는 소리와 함께 이 땅을 떠날 때까지
도 우리의 찬송은 이어졌다.

"만복 근원 구세주여 내 말 들으사 죄인 오라 하실 때에 날 부르소서."

그리고 이 책과 함께 우리의 춤사위와 찬송은 계속하여 이어질 것
이다.

주님께 영광을!!

이르되 예수여, 당신의 나라에 임하실 때에 나를 기억하소서 하
니 예수께서 이르시되 내가 진실로 네게 이르노니 오늘 네가 나
와 함께 낙원에 있으리라 하시니라 _눅 23:42-43